中华精神家园

杰出人物

将帅传奇

将帅风云与文韬武略

肖东发 主编　刘文英 编著

中国出版集团
现代出版社

图书在版编目（CIP）数据

将帅传奇 / 刘文英编著. — 北京：现代出版社，
2014.11（2020.01重印）

（中华精神家园丛书）

ISBN 978-7-5143-2656-7

Ⅰ. ①将… Ⅱ. ①刘… Ⅲ. ①军事家－生平事迹－中
国－古代 Ⅳ. ①K825.2

中国版本图书馆CIP数据核字(2014)第259247号

将帅传奇：将帅风云与文韬武略

总 策 划：	陈 恕
主 编：	肖东发
作 者：	刘文英
责任编辑：	王敬一
出版发行：	现代出版社
通信地址：	北京市定安门外安华里504号
邮政编码：	100011
电 话：	010-64267325 64245264（传真）
网 址：	www.1980xd.com
电子邮箱：	xiandai@cnpitc.com.cn
印 刷：	山东省东营市新华印刷厂
开 本：	710mm×1000mm 1/16
印 张：	11
版 次：	2015年4月第1版 2020年1月第3次印刷
书 号：	ISBN 978-7-5143-2656-7
定 价：	40.00元

党的十八大报告指出："文化是民族的血脉，是人民的精神家园。全面建成小康社会，实现中华民族伟大复兴，必须推动社会主义文化大发展大繁荣，兴起社会主义文化建设新高潮，提高国家文化软实力，发挥文化引领风尚、教育人民、服务社会、推动发展的作用。"

我国经过改革开放的历程，推进了民族振兴、国家富强、人民幸福的中国梦，推进了伟大复兴的历史进程。文化是立国之根，实现中国梦也是我国文化实现伟大复兴的过程，并最终体现为文化的发展繁荣。习近平指出，博大精深的中国优秀传统文化是我们在世界文化激荡中站稳脚跟的根基。中华文化源远流长，积淀着中华民族最深层的精神追求，代表着中华民族独特的精神标识，为中华民族生生不息、发展壮大提供了丰厚滋养。我们要认识中华文化的独特创造、价值理念、鲜明特色，增强文化自信和价值自信。

如今，我们正处在改革开放攻坚和经济发展的转型时期，面对世界各国形形色色的文化现象，面对各种眼花缭乱的现代传媒，我们要坚持文化自信，古为今用、洋为中用、推陈出新，有鉴别地加以对待，有扬弃地予以继承，传承和升华中华优秀传统文化，发展中国特色社会主义文化，增强国家文化软实力。

浩浩历史长河，熊熊文明薪火，中华文化源远流长，滚滚黄河、滔滔长江，是最直接的源头，这两大文化浪涛经过千百年冲刷洗礼和不断交流、融合以及沉淀，最终形成了求同存异、兼收并蓄的辉煌灿烂的中华文明，也是世界上唯一绵延不绝而从没中断的古老文化，并始终充满了生机与活力。

中华文化曾是东方文化摇篮，也是推动世界文明不断前行的动力之一。早在500年前，中华文化的四大发明催生了欧洲文艺复兴运动和地理大发现。中国四大发明先后传到西方，对于促进西方工业社会的形成和发展，曾起到了重要作用。

中华文化的力量，已经深深熔铸到我们的生命力、创造力和凝聚力中，是我们民族的基因。中华民族的精神，也已深深植根于绵延数千年的优秀文化传统之中，是我们的精神家园。

总之，中华文化博大精深，是中国各族人民五千年来创造、传承下来的物质文明和精神文明的总和，其内容包罗万象，浩若星汉，具有很强的文化纵深，蕴含丰富宝藏。我们要实现中华文化伟大复兴，首先要站在传统文化前沿，薪火相传，一脉相承，弘扬和发展五千年来优秀的、光明的、先进的、科学的、文明的和自豪的文化现象，融合古今中外一切文化精华，构建具有中国特色的现代民族文化，向世界和未来展示中华民族的文化力量、文化价值、文化形态与文化风采。

为此，在有关专家指导下，我们收集整理了大量古今资料和最新研究成果，特别编撰了本套大型书系。主要包括独具特色的语言文字、浩如烟海的文化典籍、名扬世界的科技工艺、异彩纷呈的文学艺术、充满智慧的中国哲学、完备而深刻的伦理道德、古风古韵的建筑遗存、深具内涵的自然名胜、悠久传承的历史文明，还有各具特色又相互交融的地域文化和民族文化等，充分显示了中华民族的厚重文化底蕴和强大民族凝聚力，具有极强的系统性、广博性和规模性。

本套书系的特点是全景展现，纵横捭阖，内容采取讲故事的方式进行叙述，语言通俗，明白晓畅，图文并茂，形象直观，古风古韵，格调高雅，具有很强的可读性、欣赏性、知识性和延伸性，能够让广大读者全面接触和感受中国文化的丰富内涵，增强中华儿女民族自尊心和文化自豪感，并能很好继承和弘扬中国文化，创造未来中国特色的先进民族文化。

2014年4月18日

上古时期——兵家智谋

中古时期——将帅风云

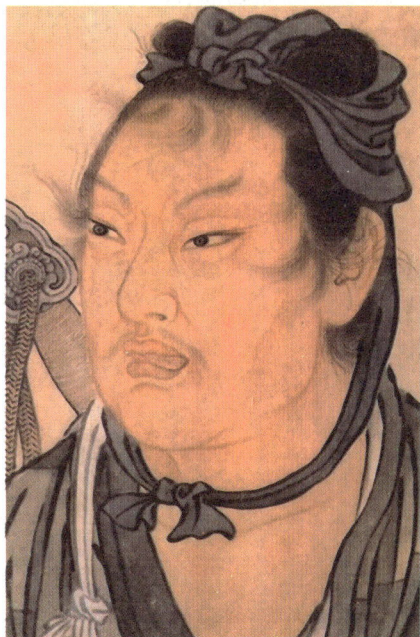

近古时期——军中战神

近世时期——叱咤英雄

兵家智谋

　　春秋战国是我国历史上的上古时期。在这一时期，随着各诸侯国间战争规模的扩大和战争方式的变化，出现了许多指挥作战的专职军人，他们都是各个诸侯国所倚重的优秀兵家。

　　堪称兵家的人总是智勇兼备，用兵布阵正奇相依，变化无穷，而春秋时期将帅们的战争实践，代表了我国上古时期实战的最高水准。有英雄的民族是值得骄傲的。

兵学鼻祖孙武

孙武（约前535—?），字长卿。生于春秋时期齐国乐安，即今山东惠民，一说博兴，或说广饶。他是我国古代著名的军事家、政治家。

其著有巨作《孙子兵法》13篇，为后世兵法家所推崇，被誉为"兵学圣典"，置于《武经七书》之首。

孙武也被后人尊称为孙子、孙武子、兵圣、百世兵家之师、东方兵学的鼻祖，对后世具有重要的影响。

■ 兵学鼻祖孙武雕像

孙武原来是齐国人，由于避难到了吴国。为了施展生平所学，他拿着自己所著的兵书，去求见吴王阖闾，让自己领兵打仗。阖闾想要伐楚，正需要孙武这样的人才，再加上有伍子胥的推荐，于是就接见了孙武。

阖闾和孙武进行了深入的交流，觉得孙武是个难得的人才，最后正式任命孙武为大将。在孙武的严格训练下，吴军的军事素质有了明显的提高。

■ 阖闾（？—前496年），又称阖庐，姓姬名光。吴王夷末之子，又称"公子光"。春秋时吴国第二十四任君主，公元前514年至公元前496年在位。著名政治家，同时也是春秋史上武功最强盛的霸主，兴盛吴国，大破楚国，称雄一时。

公元前512年，吴王阖闾、吴国大夫伍子胥和上任不久的大将孙武，指挥吴军攻克了楚的属国钟吾国、舒国。

这时，阖闾想要攻克楚都郢，孙武认为这样做不

■ 孙子的雕像

将帅风云与文韬武略

■ **伍子胥** （？—前484年），名员，字子胥。周代春秋末期吴国大夫，谋略家和军事家。吴国倚重伍子胥等人之谋，遂成为诸侯一霸。后来，继承王位的吴王夫差听信谗言，派人送一把宝剑给伍子胥，令其自杀。

妥，便进言道："楚军是一支劲旅，非钟吾国和舒国可比。我军已连灭两国，现在人疲马乏，军资消耗很大，不如收兵，蓄精养锐，再等良机。"

吴王听从了孙武的劝告，下令班师。

伍子胥也完全同意孙武的主张，并向阖闾献策说："人马疲劳，不宜远征。不过，我们也可以设法使楚人疲困。"

于是伍子胥和孙武共同商定了一套扰楚、疲楚的计策，对楚国进行轮番袭击。弄得楚国连年应付吴军，人力物力都被大量耗费，国内十分空虚，属国纷纷叛离。吴国却从轮番进攻中抢掠不少，在与楚国对峙中完全占据上风。

公元前506年，楚国攻打已经归附吴国的蔡国，这便给了吴军伐楚的借口。阖闾和伍子胥、孙武指挥训练有素的3万名精兵，乘坐战船，直趋蔡国与楚国交战。

楚军见吴军来势凶猛，不得不放弃对蔡国的围攻，收缩部队，调集主力，以沔水为界，加紧设防，抗击吴军的进攻。

沔水 又名汉水、襄河，初名漾水，也称漾川。现在称汉江。《尚书·禹贡》记载："番冢导漾，东流为汉。"即指此，为长江最长的支流。汉江是汉朝的发祥地，"大汉民族""汉文化""汉学""汉语"这些名称，都是因有了汉朝才定型的。

不料孙武突然改变了沿淮河进军的路线，放弃战船，改从陆路进攻，直插楚国纵深。

伍子胥问道："吴军习水性，善水战，为何改从陆路进军呢？"

孙武告诉他说："用兵作战，最贵神速。应当走别人料想不到的路，以便打它个措手不及。逆水行舟，速度迟缓，楚军必然乘机加强防备，那就很难破敌了。"

就这样，孙武在3万名精兵中选择了强壮敏捷的3500名为前阵，身穿坚甲，手执利器，连连大败楚军，随后攻入楚国的国都郢。

孙武以3万名军队攻击楚国的20万大军，获得全胜，创造了以少胜多的光辉战例。

然而，这时越国乘吴军伐楚之机进攻吴国，秦国又出兵帮助楚国对付吴军，这样，阖闾不得不引兵返吴。此后，吴又继续伐楚，楚为避免亡国被迫迁都。

孙武在帮助阖闾西破强楚的同时，还计划征服越国。只是当时时机未到，正在抓紧准备。

古代战争图

夫差 （？—前473年），又称吴王姬夫差，阖闾之子。春秋时期吴国末代国君，公元前495年至公元前473年在位。在位期间，开凿邗沟，发展长江下游经济文化，破越败齐，称霸一时。

公元前496年，阖闾不听孙武等人的劝告，不等准备工作全部就绪，就仓促出兵想要击败越国。不料，勾践主动迎战，施展巧计，把吴军杀得大败，吴军仓皇败退。

阖闾也被越大夫灵姑浮挥戈斩落了脚趾，身受重伤，在败退途中，死在陉地。后葬苏州虎丘山。

阖闾去世后，由太子夫差继承王位，孙武和伍子胥整顿军备，以辅佐夫差完成报仇雪耻大业。

公元前494年春天，勾践调集军队从水上向吴国进发，夫差率10万名精兵迎战于夫椒。

在孙武、伍子胥的策划下，吴军大败越军。勾践只得向吴屈辱求和，夫差不听伍子胥劝阻，同意了勾践的求和要求。

吴国的争霸活动在南方地区取得胜利后，便向北

■《孙子兵法》陶简

■西施 本名施夷光。春秋末期出生于浙江绍兴诸暨苎萝村。天生丽质，为我国古代四大美女之首。是美的化身和代名词。西施也与南威并称"威施"，均是美女的代称。吴越争霸中，西施是勾践迷惑夫差的一件重要工具。

方中原地区进逼。

公元前485年，夫差联合鲁国，大败齐军。

公元前482年，孙武随同夫差又率领着数万名精兵，由水路北上到达黄池，与晋、鲁等诸侯国君会盟。吴王夫差在这次盟会上，以强大的军事力量为后盾，争得霸主的地位。

孙武精心训练军队和制定军事谋略，对夫差建立霸业做出了巨大贡献。

随着吴国霸业的蒸蒸日上，夫差渐渐自以为是，不再像以前那样励精图治，对孙武、伍子胥这些功臣不再那么重视，反而重用奸臣伯嚭。

与此同时，越王勾践为了消沉吴王斗志、迷惑夫差，达到灭吴目的，一方面自己亲侍吴王，卧薪尝胆；另一方面选送美女西施入吴。

西施入吴后，夫差大兴土木，建筑姑苏台，日日饮酒，夜夜笙歌，沉醉于酒色之中。

孙武、伍子胥一致认为，勾践被迫求和，一定还会想办法伺机报复，故必须彻底灭掉越国，绝不能姑息养奸，留下后患。但夫差听了奸臣的挑拨，不理睬孙武、伍子胥的苦谏。

黄池 在河南省封丘县城南。据《封丘县志》记载："（周穆王）东游于黄泽。歌曰：'黄之池，其马喷沙，黄之泽，其马喷玉。'"故春秋时叫黄池。历史上有名的"黄池之会"就在这里举行。现在仅存古黄池碑一通，并建砖砌碑楼加以保护。

■ 孙膑 孙武的后代。我国战国时期军事家，兵家代表人物。因受庞涓迫害遭受膑刑，身体残疾，后在齐国使者的帮助下投奔齐国，辅佐齐国大将田忌两次击败庞涓，取得了桂陵之战和马陵之战的胜利，奠定了齐国的霸业。

由于伍子胥一再进谏，夫差大怒，制造借口逼其自尽。伍子胥自尽后，夫差又命人将他的尸体装在一只皮袋里，扔到江中，不给安葬。

伍子胥的死，给了孙武一个沉重的打击。他的心完全冷了。他意识到吴国已经不可救药。孙武深知"飞鸟尽，良弓藏；狡兔死，走狗烹"的道理，于是便悄然归隐。

隐居吴都郊外的孙武由此更加看清自己的前途，他在隐居之地，一边灌园耕种，一边写作兵法，终于完成了兵法13篇。

孙武死后，他的后世子孙孙膑把孙武的用兵思想广为传播并发扬光大。

阅读链接

有一次，吴王阖闾问孙武能不能训练女兵，孙武说可以，于是吴王便拨了100多名官女给他。

孙武把宫女编成两队，用吴王最宠爱的两个妃子当队长，然后交给她们一些军事基本动作和口令。但当孙武连续两次发令时，宫女们都只顾嬉笑，不听指挥。

孙武便下令把队长拖去斩首。

吴王向孙武求情，但孙武坚持认为，任何人违犯了军令都该接受处分，结果还是把队长给杀了。宫女们见他说到做到，都吓得脸色发白。第三次发令，没有一个人敢再开玩笑了。

兵家代表吴起

吴起（前440年—前381年），生于卫国左氏，即今山东省定陶，一说曹县东北。他是战国初期著名的政治改革家，卓越的军事家、军事统帅，政治家和改革家。他是兵家代表人物。后世把他和孙武并称为"孙吴"。

吴起一生历侍鲁、魏、楚三国，通晓兵家、法家、儒家三家思想，在内政、军事上都有极高的成就。

他著有《吴子》一书，《吴子》与《孙子》又合称《孙吴兵法》，在我国古代军事典籍中具有重要地位，对后世具有重要的影响性。

■ 战国最为出色的战将吴起画像

■ 春秋战国战争图

将帅风云与文韬武略

鲁穆公 （？—前376年），姓姬名显。战国初期鲁国国君，是鲁国第二十九任君主。他在位33年。在位期间，他注重礼贤下士，曾隆重礼拜孔伋，即子思，咨以国事；容许墨翟在鲁授徒传道，组织学派，使鲁国一度出现安定局面。

吴起是战国时期卫国人，他为了有所建树，曾经在鲁国拜孔子的徒孙曾申为师，后来又去魏国拜"孔门十哲"之一的子夏为师。

吴起在鲁国时，齐国于公元前412年进攻鲁国，鲁穆公想用吴起为将，但因为吴起的妻子是齐国人，对他有所怀疑。吴起由于渴望当将领成就功名，杀了自己的妻子，表示不倾向齐国，史称"杀妻求将"。

鲁穆公终于任命他为将军。

吴起治军严于己而宽于人，与士卒同甘共苦，因而军士皆能效死从命。

吴起在奉命率军与齐国作战时，他率领军队到达前线后，没有立即同齐军开仗，表示愿与齐军谈判，先向对方示弱，以老弱之卒驻守中军，给对方造成一种弱势和胆怯的假象，用以麻痹齐军将士。

齐军见状，就放松了警惕。没想到，吴起出其不意，以精壮之军突然向齐军发起猛攻。齐军仓促应战，一触即溃，伤亡过半。鲁军大获全胜。

吴起战场胜利，获得了鲁穆公的高度重视，认为吴起的才干非常高。

吴起得势引起鲁国群臣的非议，一时流言四起。

有些人在鲁穆公面前中伤吴起说："吴起是个残暴无情的人。他小时候，家资十全，他想当官，从事游说活动没有成功，以致家庭破产。

李悝画像

"乡邻都耻笑他，吴起就杀了30多个诽谤他的人，逃出卫国而东去。现在，鲁君对他有怀疑，他就杀了自己的妻子以争取做将军。

"鲁国是个小国，一旦有了战胜的名声，就会引起各国都来图谋鲁国了。而且鲁国和卫国是兄弟国家，鲁君用吴起，就是抛弃了卫国。"

■ 古代战争场景

鲁穆公听信了谗言，就对吴起产生了疑虑，最后辞退了吴起。

吴起离开鲁国后，听说魏文侯很贤明，想去凭本事游说他。

文侯问大臣李悝说："吴起为人如何？"

李悝说："吴起贪图荣名，但他用兵，连司马穰苴也不能超过他。"

魏文侯任命吴起为将军。吴起率军攻打秦国，只一战，就连续攻克秦国5座城邑。

魏文侯因吴起善于用兵，廉洁而公平，能得到士卒的拥护，就任命他为西河一带的守将，抗拒秦国和韩国。

公元前409年，吴起攻取秦河西地区的两座城池并加以维修。次年，攻取秦的西河属地多处，置西河郡，任西河郡守。

这一时期，吴起曾与诸侯大战76次，全胜64次，开拓领地上千里。特别是阴晋之战，使魏国成为战国初期的强大的诸侯国。

吴起镇守西河期间，强调兵不在多而在于"治"。他首创考选士卒之法：凡能身着全副甲胄，执12石之弩，背负矢50个，荷戈带剑，携3天口粮，在半日内跑完百里者，即可入选为"武卒"，免除其全家的徭赋和田宅租税。

■ 吴起画像

选定"武卒"后，吴起又对他们进行严格训练，使之成为魏国的精兵之师。在训练中，他主张严刑明赏、教戒为先，认为若法令不明，赏罚不信，虽有百万之军也无益。

吴起做将军时，和最下层的士卒同衣同食。睡觉时不铺席子，行军时不骑马坐车，亲自背干粮，和士卒共担劳苦。

士卒中有个人生疮，吴起就用嘴为他吸脓。这个士卒的母亲知道这事后大哭起来。

别人说："你儿子是个士卒，而将军亲自为他吸取疮上的脓，你为什么还要哭呢？"

母亲说："往年吴公为他父亲吸过疮上的脓，他父亲作战时就一往无前地拼命，所以就战死了。现在吴公又为我儿子吸疮上的脓，我不知他又将死到那里

魏武侯（？—前370年），姬姓，魏氏，名击。战国初期魏国国君与中原霸主。魏文侯之子，前395年至前370年在位。他是三家分晋后魏国的第二代国君，在位期间将魏国的百年霸业再一次推向高峰。魏武侯虽在作战指挥上与其父魏文侯不相上下，但在用人方面就大大逊色于其父魏文侯。

周代的陶兵俑

将帅传奇

将帅风云与文韬武略

百越 我国古代南方越人的总称。分布在浙、闽、粤、桂等地，因部落众多，故总称为百越。秦汉时，相关史籍则泛称中国南方的民族为"越族"，史称"北方胡、南方越"。由于历史的发展和变化，至迟在汉朝初期，百越族已经逐渐形成几个较强盛而明显的部分。

了，所以我哭。"

魏文侯死后，吴起继续效力于他儿子魏武侯。武侯曾与吴起一起乘船顺西河而下，船到中流，武侯说："这么壮美的山河又能如此险要，这是魏国的宝贝啊！"

吴起对他说："国家最宝贵的是君主的德行，而不在于地形的险要。治理国家在于君主的德行，而不在于地形的险要。如果君主不讲德行，就是一艘船中的人也都会成为敌国的人。"

吴起又说了夏桀、商汤虽固守险地，因不施仁政最后被灭的例子，武侯听后很是赞同。

吴起任西河的守将时威信很高，自然引起一些人的嫉妒。以前对吴起畏忌的公叔任相后，便想害吴起。

公叔有个仆人很有鬼点子，他知道公叔想除掉吴起，就说："吴起很容易除掉。"

公叔说："怎么办？"

仆人说："吴起为人有节操，廉洁而重视声誉，你可以先向武侯说：'吴起是个贤明的人，我们魏国属于侯一级的小国，又和强秦接壤，据我看，恐怕吴起不想长期留在魏国。'武侯必然要问：'那怎么办呢？'你就乘机向武侯说：'君侯可以把一位公主许配给吴起，他如果愿意留在魏国就必定欣然接受，如果不愿意留在魏国就必然辞谢。以此就可以探测他的想法了。'

"然后你再亲自把吴起邀到你的府上，使公主故意发怒而轻慢你。吴起看见公主那样轻贱你，他想到自己也会被轻贱，就会辞而不受。"

公叔照计行事，吴起果然看见公主轻慢魏相就辞谢了武侯。武侯因而对吴起有所怀疑了。吴起害怕武侯降罪，于是离开魏国到楚国去了。

楚悼王平素听说吴起很能干，吴起一到楚国就被任为相。吴起严明法令，撤去不急需的官吏，王室家族非直系者也一律停用。节省下来的预算分配给士兵，增加士兵人数。

楚国的军队加强了，吴起就率军四面出击，南面平定了百越；北面兼并了陈国和蔡国，并击退了韩、赵、魏的扩张；向西征伐了秦国。扩大了领地，增强了国力。

楚悼王非常地高兴，把一切政事都交给吴起处理。

吴起实行的改革，打破了皇孙、贵族及一些官吏养尊处优、骄横跋扈的局面，因此他们对吴

楚肃王 原名熊臧，楚悼王子。在位期间，蜀伐楚，取兹方，即今湖北省松滋，楚被迫筑扞关，即今湖北省宜昌市西，进行防御。公元前375年，魏攻楚，战于榆关，即今河南省中牟西南，韩乘机而攻灭郑国，并迁都至郑，即今河南省新郑。

■ 吴起塑像

西河太守吴起

起恨之入骨。楚悼王却在这时一病不起，很快去世。

公元前381年，那些仇视吴起的人趁机叛乱，杀进宫来。吴起见难以逃命，就趴在楚悼王尸体上不起来。叛军一阵急箭，将吴起活活射死，但也有不少箭射到了楚王身上。

楚悼王的儿子臧即位，这就是楚肃王。他认为射杀父王的尸体是大逆不道的，于是就追究作乱之人的责任，杀了叛乱之人为吴起报了仇。后人都称赞吴起的智慧，认为他死后还能为自己报仇。

吴起在指导战争方面积累了丰富的经验，他把这些经验深化为军事理论。《汉书·艺文志》著录《吴起》48篇，已佚，今本《吴子》6篇包括《图国》《料敌》《治兵》《论将》《变化》《励士》，是后人所托。

《吴子》的主要谋略思想是"内修文德，外治武备"。这些军事思想和战争谋略，对后世产生了深远的影响。

将帅传奇

将帅风云与文韬武略

阅读链接

魏武侯让田文为相，吴起心里不服，就和田文比功劳。

吴起说："统领三军，管理各级官员，镇守西河地区，这三方面，你比我怎样？"

田文说："我不如你。"

吴起说："那为什么你的职位比我高？"

田文说："国君年少，全国忧虑，大臣没亲附，百姓不信赖，在这个时候，是由你来任相合适，还是由我来任相合适呢？"

吴起沉默了很久，然后说："应该由你来任相。"

田文说："这就是我职位比你高的原因。"

吴起这才知道自己不如田文。

赫赫战神白起

　　白起（？—前257年），他是楚白公胜之后，故又称公孙起。生于战国时的郿，即今陕西省眉县常兴镇白家村。他是战国时期秦国兵家奇才，曾立下赫赫战功。他是我国历史上自孙武和吴起之后，又一个杰出的军事家和统帅。他十分善于用兵，《史书》记载他"料敌合变，出奇无穷，声震天下"。他一生共征战37年，未尝一败，可见他的神奇性

　　秦国最终能一统天下，和白起征战数十年取得的赫赫战功有着不可分割的联系，可以说他为秦国开国功臣。

■秦国名将白起画像

■ 古代人物战争塑像

秦昭襄王（前325年—前251年），嬴姓，名则，一名稷。秦惠文王之子，秦武王之弟。谥号"昭襄王"。在位期间，秦国继续扩张。昭王在位时间长久，任用包括魏冉、范雎、白起等名臣，治军备战，富国强兵，使秦国奠定了将来一统天下的基础。

左庶长 爵位名。秦、汉二十等爵的第十级。左庶长是秦国沿用了几百年的官名，是最有实权也是最重要的军政大臣。在秦国的两个庶长中，左庶长为首，右庶长次之。商鞅曾担任左庶长职务。

公元前294年，秦昭襄王任命白起为左庶长，率军攻打韩国的新城。第二年，白起升任左更并出任主将。同年，韩、魏两国联军进驻伊阙与秦军对峙。

在抗击韩、魏两国联军的战争中，秦国方面兵力不及韩、魏联军的一半。联军方面韩军势单力薄，希望魏军主动进攻，而魏军倚仗韩军精锐，想让韩军打头阵。

秦军主将白起利用韩、魏两国联军想保存实力、互相推诿、不肯先战的弱点，先设疑兵牵制韩军主力，然后集中兵力出其不意猛攻魏军。

魏军的战败，致使韩军溃败而逃。秦军乘胜追击，取得大胜。

在伊阙之战，秦军共斩首24万，占领5座城池。魏军主将公孙喜被俘后遭处决。白起因功升任国尉。

稍后，白起趁韩、魏两国在伊阙之战惨败之机，率兵渡过黄河，夺取了安邑至干河的大片土地。

公元前292年，白起升任大良造，率军攻打魏国，夺取魏城；攻下垣邑，但没有占领。

公元前291年，白起率军攻打韩国，夺取了宛、叶。公元前289年，白起率军夺取了蒲阪、皮氏等魏国大小城池61座。

公元前282年，白起率军攻打赵国，夺取了兹氏和祁。次年，又夺取了蔺和离石。

公元前280年，白起再次攻打赵国，夺取了代和光狼城。

这时，白起在分析了秦楚两国形势后，决定采取直接进攻楚国统治中心地区的战略，于公元前279年率军沿汉水东下，攻取沿岸重镇。

白起命秦军拆除桥梁，烧毁船只，自断归路，以此表示决一死战的信心，并在沿途寻找食物，补充军粮。而楚军因在本土作战，将士只关心自己的家庭，没有斗志，因而无法抵挡秦军的猛攻，节节败退。

秦军长驱直入，迅速攻取汉水流域要地邓城，直抵楚国别都鄢城。鄢城距离楚国国都郢很近，楚国集结重兵于此，阻止秦军南下。

大良造 又称大上造。秦孝公时为秦国国内最高官职，掌握军政大权。秦惠文王之后为爵名，位列二十等军功爵制第十六位。秦国一些立有军功者或名臣都获封大良造，如商鞅、公孙衍、白起等。

■古代战争场景

■ 古代战争蜡像

楚顷襄王　简
称楚襄王，姓名
熊横。楚怀王之
子，生母郑袖。
楚顷襄王在位期
间，淫乐无度，
"群臣相妒以功，
谄谀用事"。秦昭
襄王诈以公主许
配给楚顷襄王，
屈原长跪城外力
谏不果。秦军趁
楚顷襄王开城迎
亲，长驱直进，
攻入楚都郢，时
为前278年。屈原
投河自尽。

就在秦军久攻不下之时，白起利用蛮河河水从西山长谷自城西流向城东的有利条件，在鄢城500米处筑堤蓄水，修筑长渠直达鄢城，然后开渠灌城。经河水浸泡的鄢城东北角溃破，城中军民淹死数十万人。

攻克邓、鄢城后，白起又率军攻占西陵。随后不久，白起随秦昭襄王参加了渑池之会。

公元前278年，白起再次出兵攻打楚国，攻陷楚国国都郢，烧毁其先王陵墓夷陵，向东进兵至竟陵，楚顷襄王被迫迁都于陈。

此战秦国占领了楚国洞庭湖周围的水泽地带、长江以南以及北到安陆的大片土地，并在此设立南郡。白起因功受封为武安君。

公元前277年，秦昭襄王任命白起为主将、蜀郡郡守张若为副将，夺取了楚国的巫郡和黔中郡。在春申君的调解下，秦昭襄王才与楚国结盟休战。

公元前262年，秦军向东进攻，赵王派老将廉颇镇守长平。秦军不断挑战，廉颇坚守不出，双方长久相持。秦军散布廉颇要谋反的谣言，目的是让赵王换掉廉颇。赵王果然上当，派赵括来代替廉颇。

赵括只懂得纸上谈兵，没有多少实战的经验，轻敌出击。秦国大将领白起设伏兵包围赵括军队，并截断赵军粮道。秦昭襄王亲至河内，悉发成年男子到长平助战。赵军被围困46天，粮草断绝，拼死突围，赵括被射死，白起坑杀赵降兵40余万。

长平之役，标志着以列国林立、兼并战争频仍为时代特征的战国一代行将终结，一个史无前例的中央集权大帝国就要来临了。

后来，白起因主张放弃攻打赵国，与秦昭襄王意见相左。秦昭襄王不听从白起的劝告，于公元前258年派兵攻打邯郸。赵国军民奋起反抗，秦军主将阵亡，最后也没有取得什么成果。

赵括（？—前259年），战国时期赵国人，赵国名将马服君赵奢之子。他熟读兵书，但不晓活用。于长平之战后期代替廉颇担任赵军主帅，由于指挥错误而使得赵军全军覆没，自己也冲阵战死，赵军40万人尽数被秦将白起活埋。

■ 古代战争蜡像

咸阳 地处"八百里秦川"的腹地，是陕西省第三大城市，我国著名古都之一，为我国第一帝都。位于关中平原中部，渭河北岸，九嵕山之南，因山南水北俱为阳，故名咸阳。秦始皇统一全国后，咸阳即成为全国政治经济交通和文化的中心。

■ 白起塑像

此时，秦昭襄王又派人动员白起说："现在赵国士兵死于长平之战的有十分之七八，赵国虚弱，希望您能领兵出战，一定能消灭赵国。您以少敌多，都能大获全胜，更何况现在是以强攻弱，以多攻少呢？"

白起说："秦国在长平大败赵军，不趁赵国恐慌时灭掉它，反而坐失良机，让赵国得到时间休养生息，恢复国力。现在赵国军民上下一心，上下协力。如果攻打赵国，赵国必定拼死坚守；如果向赵军挑战，他们必定不出战；包围其国都邯郸，必然不可能取胜；攻打赵国其他的城邑，必然不可能攻下；掠夺赵国的郊野，必然一无所获。我只看到攻打赵国的危害，没有看到有利之处。"白起从此称病不起。

秦昭襄王听到派去的人回来汇报，极为震怒，说："没有白起我就不能消灭赵国吗？"

于是发兵攻打赵国。结果秦军包围赵都邯郸八九个月，死伤人数很多，也没有攻下。

赵军不断派出轻兵锐卒，袭击秦军的后路，秦军损失很大。这时白起说："秦王不听我的意见，现在怎么样了？"

秦昭襄王得知后大怒，亲自去见白起，强迫他前去赴任。

白起叩头对秦王说："我知道出战不会取得成功，但可以免于获罪；不出战虽然没有罪过，却不免会被处死。希望大王能够接受我的建议，放弃攻打赵国，在国内养精蓄锐等待诸侯内部产生变故后再逐个击破。"

秦昭襄王听后转身而去。

秦昭襄王免去了白起的官爵，将其贬为普通士卒，命其离开咸阳。但白起患病，没有立即动身。过了3个月，前方秦军战败的消息接踵而来，秦昭襄王更加愤怒，于是驱逐白起。

■ 秦代兵俑

白起走出咸阳西门5千米，接到秦昭襄王派使者赐给他的一把剑，命他自尽。

白起仰天长叹道："我到底有什么过错竟落得这般结果？"

过了一会儿又说，"我本来就该死。长平之战赵国投降的士兵有几十万人，我用欺诈之术把他们全都活埋了，这足够死罪了。"

白起随后自杀。白起被赐死后，秦国人都同情他有功无罪而死，大小城邑都祭祀他并自发在咸阳为其修建祠堂。至秦朝建立后，封其子白仲于太原，白起的后代子孙世代为太原人。

后人总结出白起作战有4个特点：一是不以攻城夺地为唯一目标，而是以歼敌有生力量作为主要目的的歼灭战思想，而且善于野战进攻，战必求歼。这是

祭祀 是华夏礼典的一部分，更是儒教礼仪中最重要的部分，礼有五经，莫重于祭，是以事神致福。祭祀对象分为3类：天神、地祇、人鬼。天神称祀，地祇称祭，宗庙称享。祭祀的法则记载于儒教圣经《周礼》《礼记》中，并有《礼记正义》《大学衍义补》等经书进行解释。

白起最为突出的特点。

二是为达到歼灭敌人的目的，强调对敌人穷追猛打，较孙武的"穷寇勿追"及商鞅的大战胜利后追残敌不过5千米，显然前进一步。

三是重视野战筑垒工事，先诱敌军脱离设垒阵地，再在预期歼敌地区筑垒阻敌，并防其突围。此种以筑垒工事作为进攻辅助手段的作战指导思想，在当时是前所未有的。

四是精确进行战前料算，不论敌我双方军事、政治、国家态势甚至第三方采取的应对手段等皆有精确料算，无一不中，能未战即知胜败。故而司马迁称赞白起为"料敌合变，出奇无穷，声震天下"。

白起是我国历史上战功最辉煌的将军，战国时期最为显赫的大将，征战沙场35年。

《史记·范雎蔡泽列传》中说，因为白起的存在，六国不敢攻秦。一个将领到了这样的一种地步，这在战争史上是很少见的。他为秦国的统一大业立下了举世之功。

将帅传奇

将帅风云与文韬武略

阅读链接

白起的父亲曾经随秦军四处征战，建立过不少战功。

自从有了儿子，他便给儿子取名为"起"，希望儿子将来能够像战国名将吴起那样所向披靡，屡立战功。

当白起刚刚成年的时候，父亲就把他送进军营，使他从小受到军旅的熏陶。白起不负父望，从小就酷爱军事，加上他聪明好学，勤于思考，喜欢研究各家兵法，又长期生活在军旅之中，既有军事理论，又具实践经验，久而久之，便熟练掌握了军事这门艺术，成了一位用兵如神的杰出将领。

智勇战将王翦

　　王翦，生于战国时期关中频阳县，即今陕西省富平县。秦代杰出的军事家，是继白起之后秦国的又一位名将，是秦国不可多得的大将之材。王翦与其子王贲在辅助秦始皇统一六国的战争中立有大功，除韩之外，其余五国均为王翦父子所灭。

　　王翦一生征战无数，战必胜、攻必取，他智而不暴、勇而多谋。他毕生的代表一战就是用60万大军对楚的大战，这一战成了三十六计中"以逸待劳"这一计的典型战役，成为了我国古代最经典的战例之一，一直为人们所传颂。

■ 秦大将军王翦像

秦代兵马俑

秦昭襄王时破赵国都城邯郸，秦始皇时以秦国绝大部分兵力消灭楚国。与白起、廉颇、李牧并称"战国四大名将"。

白起自杀后，秦昭襄王拜王翦为将，来统领大军。

在拜将之日，王翦在朝廷上大声地说了自己的意见："我们不能等，韩、魏、赵虽然战胜了大秦的军队，但是他们因此也元气耗尽了。他们更需要停战休养生息。虽然我们伟大的秦军也遭受一些挫折，但是我们的元气未损，同时士气不衰反涨。

"更重要的是今年巴蜀谷米大熟，而东方六国正在遭遇蝗虫灾害，他们的国力下降，而我们的国力上升。现在正是我们灭掉六国的最好的时机，时不我待。大王，我们出兵吧！"

秦昭襄王马上应允。于是，就在秦军包围赵都邯郸数月、损兵折将退却后不久，王翦率领30万大军在各州县充足的粮草辎重供应下，只携带了轻便的武器就出关而去。

此时，秦军重装都已经在各地的前沿等候王翦了，等王翦轻骑军一到，人马再和武器结合，就形成了秦军战无不胜的战斗力。

秦军此来，一因秦昭襄王亲征；二因王翦为将，兵势极盛，锐不可当。而王翦又是一个善于斗心的战将，往往秦军军力未到，声势就先一步威慑赵军了。

赵军在强大的秦军面前一触即溃。几乎兵不血刃，9座赵城被取下。面对孤城邯郸，王翦实行了三面的包围。终于在被困341天后，已经饿得面黄肌瘦的赵国都城邯郸人出城门投降了。

公元前238年，秦王政铲除了丞相吕不韦和长信侯嫪毐，开始亲政。他雄心勃勃，决心乘胜追击，吞并六国，实现统一天下的大业。

楚国地处江南，地大物博，兵源丰富，是个强劲的敌手。这次伐楚，秦王政不得不格外谨慎。

那么选谁挂帅出征才能万无一失、一举成功呢？

秦王政经过反复筛选，认为只有两个人可以胜任：一个是年轻有为、血气方刚的李信；一个是身经百战、深谋远虑的老将王翦。权衡利弊，两人各有长短，秦王政一时犹豫不决，各位大臣又各持己见，莫衷一是。

于是秦王政决定亲自和两人当面对策，再做决定。

秦王政坐殿，问李信："攻打楚国，需多少人马？"

李信昂首挺胸，十分自信地回答说："不过20万！"

秦王政又回头问王翦。

王翦沉思片刻，回答说："以臣之见，非60万人马不可。"

秦王政沉思了一会，笑了笑，对王翦说："王将军到底是老了。"

秦王政即刻任命李信为帅，即日出征讨伐楚国。

■ 秦始皇 （前259年—前210年），即嬴政，也称赵政。秦庄襄王之子。战国时秦国国君，秦王朝的建立者。在位37年，称王25年，称帝12年。他统一了古代中国，结束了当时四分五裂的局面，对中国和世界历史产生了深远影响。

■ 王翦像（明人绘）

频阳 即陕西省富平县，因取"富庶太平"之意而得名。位于陕西省中部，关中平原和陕北高原的过渡地带。这里历史悠久，人杰地灵。自古人才荟萃，文臣名将辈出。秦有名将王翦、王贲父子，后汉有检校刑部尚书李彦温，唐有大将李光弼，清有抗英名将张青云。

王翦看着秦王政对刚愎自用的李信深信不疑，必败无疑，本想再谏，又怕弄不好还会引起秦王政的怀疑，招来杀身之祸。就向秦王政请求告老还乡。

秦王政以为王翦年老无用，寒暄几句，也不强留。

李信一路耀武扬威，根本不把楚军放在眼里。

楚军看李信年轻气盛，如此狂妄，不觉心中暗喜。他们有意诱敌深入，佯装溃退。

李信求功心切，轻敌冒进，长驱直入。

楚军避实就虚，迂回运动，突然出击，切断其后路，使秦军首尾不能照应，连斩秦将7员。李信陷入楚军重围，多亏众将拼死相救，才得逃脱。

秦王政闻讯，十分震惊，这才恍然大悟，深悔自己耳目不明，用错了人，寒了老将军王翦的心。

秦王政亲率人马到王翦的故乡频阳，向王翦赔礼道歉。

王翦借口有病，不见。秦王政在频阳整整等候了3天。秦王政明白王翦有气，再三赔罪，但王翦仍不肯搭理。

秦王政心想，按王翦的为人不该如此，于是说："莫非将军有什么难言之隐？尽管说，朕一概答应就是了。"

王翦这才说："大王如果一定要臣出征，仍非60万人马不可。"

秦王政满口答应。王翦根据已往长期作战经验，知道楚军和赵军都具有坚强的战斗意志，是能战能守的军队。楚军新近击破李信指挥的秦军，锐气旺盛，斗志昂扬，对付这样的敌人，不仅没有胜利的把握，一旦行动不慎，还会影响整个战争前途。

王翦进入楚国后，即令部队在商水、上蔡、平舆一带地区构筑坚垒，进行固守，并令部队不许出战。休整待命，故双方相持数月没有大的交战。

楚对秦军大举东进，也集中全部兵力应战。当时秦已灭三晋，无后顾之忧，有大量物力的支援，能够打持久战。楚则无论军事、政治都远为落后。统帅项燕仍然集中楚军主力于寿春淮河北岸地区等待秦军的

三晋 山西省南部的翼城县，古称唐国，自古为晋南承东启西之咽喉要地。西周周成王封叔虞于此，后曾改称晋。春秋时为晋都故绛，北魏太和十二年置北绛县，隋开皇十八年，改为翼城县，唐天祐三年改为浍川县，宋复名翼城县，金升为翼州。元复称翼城县，沿用至今。

■ 秦时期全图

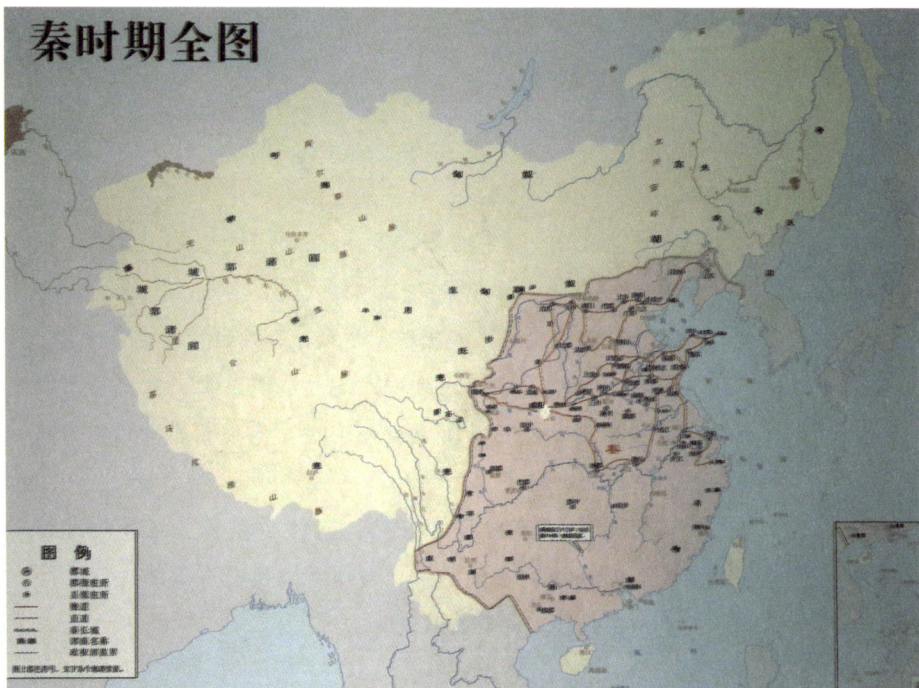

秦时期全图

上古时期

兵家智谋

进攻。

楚王责怪项燕怯战，派人数度催他主动进攻秦军。项燕军只得向秦军进攻，但既攻不破秦军的营垒，秦军又拒不出战，项燕无奈，引军东去。

王翦立即令全军追击楚军，楚军为涡河所阻，双方交手，楚军被击破东逃。秦军追至蕲南，平定楚属各地。斩杀楚将项燕，王翦率兵直取楚国都城寿春，楚国首都被秦军攻陷，楚王被俘。接着，秦军在王翦指挥下，马不停蹄地渡过长江，占领了吴越之地。

第二年，王翦便平定了楚国的属地，统一了长江流域。秦在楚地设南郡、九江郡和会稽郡。

王翦得胜班师回到秦都咸阳，秦王政为他举行庆功宴会。在庆功宴会上，王翦向秦王政要求告老还乡。此后，王翦便回到家乡，过着农耕生活，终老于家。

将帅风云与文韬武略

阅读链接

王翦出生在一个武将世家，很早就识得刀枪。

那时诸侯争雄，为了争夺土地和人民，各国钩心斗角，到处发动战争，烧杀抢掠，战士白骨暴野，百姓生灵涂炭。

看着满目疮痍、哀鸿遍野的大地，惨遭荼毒、流离失所的百姓，青少年时代的王翦心里十分难过。他决心练好武艺，熟读兵书，将来报效国家，平定天下。

刚满18岁，王翦就报名应征，驰骋于疆场。在成长过程中，王翦认真研究孙武的兵书，对统兵作战有自己的理解，对战争的见地每每让人刮目相看。

德圣武神廉颇

廉颇（前327年—前243年），今山西省太原人。战国末期赵国的名将，与白起、王翦、李牧并称"战国四大名将"。

由于列国史书多已经被秦始皇焚烧，从仅存的记载中我们可以看到，廉颇对国家赤胆忠心，不畏生死，对个人宽宏大度，心地纯洁，以至被后人誉为"德圣""武神""国栋"。

廉颇是我国历史上令人钦敬的著名军事家。令人钦敬的特点有三：一是忠勇；二是爱国；三是勇于改正错误。

赵国名将廉颇塑像

将帅传奇

将帅风云与文韬武略

■ 负荆请罪泥俑

和氏璧 又称荆
玉、荆虹、荆
璧、和璧、和
璞。传为琢玉能
手卞和在湖北省
荆山发现，初不
为人知，后由楚
文王赏识，琢磨
成器，命名为和
氏璧。是我国历
史上著名的美
玉。与随侯珠齐
名，共为天下两
大奇宝。

赵惠文王刚执政赵国时，七国之中以齐国最为强盛，齐与秦各为东西方强国。秦国欲东出扩大势力，赵国首当其冲。为扫除障碍，秦王曾多次派兵进攻赵国。廉颇统领赵军屡败秦军。

由于赵国廉颇的抵抗，秦被迫改变策略，于公元前285年与赵相会讲和，以联合韩、燕、魏、赵五国之师共同讨伐齐国，大败齐军。

在这个过程中，廉颇于公元前283年带赵军伐齐时，长驱深入齐境，攻取阳晋，威震诸侯，而赵国也随之跃居六国之首。廉颇班师回朝，拜为上卿。

秦国当时之所以虎视赵国而不敢贸然进攻，正是慑于廉颇的威力。此后，廉颇率军征战，守必固，攻必取，几乎百战百胜，名扬列国。

在廉颇带赵军伐齐时，赵王得到了一块楚国原先丢失的名贵宝玉和氏璧。这件事情让秦王知道了，他愿意用15座城池来换和氏璧。

赵王派蔺相如出使秦国。蔺相如身携和氏璧，充当赵使入秦，并以他的大智大勇完璧归赵，取得了对秦外交的胜利。

这时，秦王欲与赵王在渑池会盟言和，赵王非常害怕，不愿前往。廉颇和蔺相如商量认为赵王应该前往，以显示赵国的坚强和赵王的果敢。

赵王与蔺相如同往，廉颇相送。廉颇与赵王分别时说："大王这次行期不过30天，若30天不还，请立太子为王，以断绝秦国要挟赵国的希望。"

廉颇的大将风度与周密安排，为赵王大壮行色。再加上蔺相如渑池会上不卑不亢地与秦王周旋，毫不示弱地回击了秦王施展的种种手段，不仅为赵国挽回了声誉，而且对秦王和群臣产生了震慑。

最终，赵王平安归来。渑池之会后，赵王认为蔺相如功大，就拜他为上卿，地位竟在廉颇之上。廉颇对蔺相如封为上卿心怀不满，认为自己作为赵国的大将，有攻城扩疆的大功，而地位低下的蔺相如只动动口舌却位高于自己，叫人不能容忍。他公然扬言要当众羞辱蔺相如。

蔺相如知道后，并不想与廉颇

渑池 是仰韶文化的发祥地，秦时置县，历史悠久，文化底蕴深厚，旅游资源丰富。渑池之名来源于古水池名，本名黾池，以池内注水生黾而得名。秦时置县，至今已2000多年，留下了不少名胜古迹。此外，秦王还在此地会见过赵王，由此发生了赵王和蔺相如在渑池机智地与秦王会见的故事。

■ 蔺相如 （前329年—前259年），今山西省柳林孟门人，另一说山西古县蔺子坪人。战国时赵国上卿，赵国宦官头目缪贤的家臣，战国时期著名的政治家、外交家。生平最重要的事迹有"完璧归赵""渑池之会"与"负荆请罪"这3个事件。

"完璧归赵"雕塑

将帅传奇

将帅风云与文韬武略

上党 位于山西省东南部，是古时对长治的雅称。《荀子》称"上地""上党"的意思，就是高处的、上面的地方，即"居太行山之巅，地形最高与天为党也"，因其地势险要，自古以来为兵家必争之地，素有"得上党可望得中原"之说。

去争高低，而是采取了忍让的态度，这让廉颇深受感动。他选择蔺相如家宾客最多的一天，身背荆条，赤膊露体地来到蔺相如家中，请蔺相如治罪。

从此两人结为刎颈之交，生死与共。

"将相和"的故事所体现的情感催人泪下，感人奋发。而廉颇勇于改过、真诚率直的性格，更使人觉得可亲可爱。

公元前276年，廉颇向东攻打齐国，攻陷9城，次年廉颇再攻也取得了不小的战果。正是由于廉、蔺交和，使得赵国内部团结一致，尽心报国，使赵国一度强盛，成为东方诸侯阻挡秦国东进的屏障，秦国以后长时间不敢攻赵。

公元前266年，赵惠文王去世，赵孝成王执政。这时，秦国采取范雎和远方的国家结盟而与相邻的国家为敌的谋略，一边跟齐国、楚国交好，一边攻打临近的小国。

公元前260年，秦国进攻韩地上党。上党的韩国守军孤立无援，太守便将上党献给了赵国。于是，秦赵之间围绕着争夺上党地区发生了战争。

赵奢画像

这时，赵国名将赵奢已死，蔺相如病重，执掌军事事务的只有廉颇。于是，赵孝成王命廉颇统帅20万赵军阻秦军于长平。

在当时，秦军已切断了长平南北联系，士气正盛，而赵军长途跋涉而至，不仅兵力处于劣势，态势上也处于被动不利的地位。

面对这一情况，廉颇正确地采取了筑垒固守、疲惫敌军、相机攻敌的作战方针。他命令赵军凭借山险，筑起森严壁垒。尽管秦军数次挑战，廉颇总是严令部众，坚壁不出。

同时，他把上党地区的民众集中起来，一面从事战场运输，一面

秦代兵俑

投入筑垒抗秦的工作。赵军森严壁垒，秦军求战不得，无计可施，锐气渐失。廉颇用兵持重，固垒坚守3年，意在挫败秦军速胜之谋。

秦国看速胜不行，便使反间计，让赵王相信，秦国最担心、最害怕的是用赵括替代廉颇。赵王求胜心切，终于中了反间计，认为廉颇怯战，强行罢廉颇职，用赵括为将。

赵括代替了廉颇的职务后，完全改变了廉颇制定的战略部署，撤换了

将帅风云与文韬武略

许多军官。

秦国见赵王使用赵括为将，便暗中启用白起率兵攻赵。结果大败赵括军于长平，射杀了赵括，致使赵国损失近50万精锐部队。

秦在长平之战胜利后，接受了赵割地请和的要求。但赵王对于事后割地决定不履行和约，并积极备战。秦昭王大怒，尽兵攻赵，并于公元前259年10月间兵围都城邯郸，邯郸军民誓死抵抗。

公元前258年正月，此时邯郸被围将近4个月，城内兵员损耗和粮食供给已显危机，人心在冬季更显得脆弱。但在廉颇、乐乘诸位良将的率领下，赵军依然士气高昂。

10月，邯郸城处于最危急的时候，粮草早已断绝，赵军依旧不屈地抵抗着。

由此可见，一个国家、一个民族、一个部队所具有的慷慨悲凉的气质、血气尚武的传统、同心志协的风气是多么地重要。

此时，燕国丞相栗腹以给赵王祝寿为名，出使赵国，侦探赵国虚实。

栗腹回国后向燕王建议："乘此良机攻赵必胜。"燕将乐间认为赵国连年同秦作战，百姓熟悉军

■ 战国时期兵戈

邯郸 位于河北省南端。邯郸历史悠久，文化灿烂，是中华文明的重要发祥地之一。战国时期，邯郸作为赵国都城达158年之久，是我国北方的政治、经济、文化中心；秦统一天下后，为天下36郡郡治之一。

事，若兴兵攻赵，燕军一定会败，坚决反对出兵。

燕王喜不听乐间劝告，决意发兵攻赵国。他派栗腹为将，领兵60万兵分两路大举进攻赵国。栗腹令部将卿秦率军20万攻代，自率主力40万攻鄗。

赵孝成王令上卿廉颇、乐乘统兵13万前往抗击。廉颇分析燕军的来势后认为，燕军虽然人多势众，但骄傲轻敌，加之长途跋涉，人马困乏，遂决定采用各个击破的方略。

廉颇令乐乘率军5万兵士坚守代，吸引攻代燕军不能南下援救，自率军8万兵士迎击燕军主力于鄗。赵军同仇敌忾，决心保卫国土，个个奋勇冲杀，大败燕军，斩杀其主将栗腹。

攻代燕军闻听攻鄗军大败，主帅被杀，军心动

■ 战国形势图局部

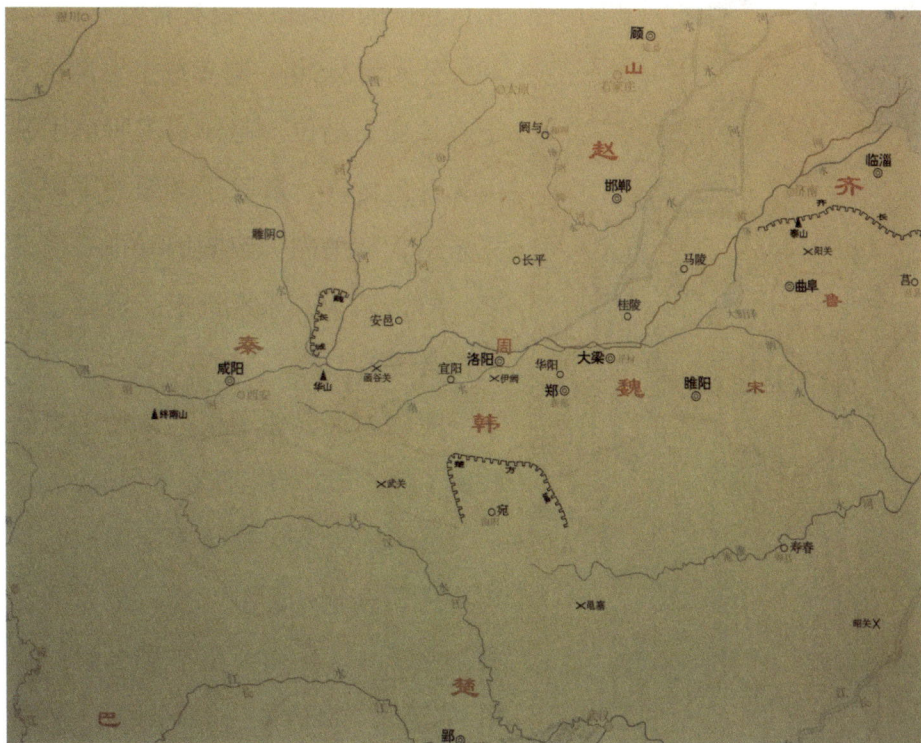

摇。赵将乐乘率赵军趁机发起攻击，迅速取胜。两路燕军败退。廉颇率军追击250千米，直入燕境，进围燕都蓟。

燕王只好割让5座城邑求和，赵军始解围退还。战后，赵王封廉颇为信平君，任相国。

在此战中，赵军在廉颇的指挥下，利用燕军轻敌、疲劳之弊，对来犯之敌予以痛击，最后取得胜利。这是我国历史上以少胜多的著名战例。

这次战斗提升了赵国于七国中地位，锻炼了赵军作战能力，更重要的是恢复了作战的自信，增强了赵国实力和国家安全系数，发现并锻炼了赵国将领。

在此战中，一批新的战将脱颖而出，让赵人看到除了老将廉颇外还有更多优秀的将军，赵国的中兴似乎仍有希望。

公元前245年，赵孝成王去世，其子赵悼襄王继位。赵悼襄王听信了奸臣郭开的谗言，解除了廉颇的军职，派乐乘代替廉颇。廉颇因受排挤而发怒，打击乐乘，乐乘逃走。廉颇也离赵投奔魏国大梁。

廉颇去大梁住了很久，魏王虽然收留了他，却并不信任和重用他。

赵国因为多次被秦军围困，赵王想再任用廉颇，廉颇也想再被赵国任用。赵王派遣使者带着一副名贵的盔甲和4匹快马到大梁去慰问廉颇，看廉

将帅传奇

将帅风云与文韬武略

■ 赵孝成王绣像

颇还是否可用。

　　廉颇的仇人郭开唯恐廉颇再得势，暗中给了使者很多金钱，让他说廉颇的坏话。赵国使者见到廉颇以后，廉颇在他面前一顿饭吃了一斗米，10斤肉，还披甲上马，表示自己还可有用。

　　但使者回来向赵王报告说："廉将军虽然老了，但饭量还很好，可是和我坐在一起，不多时就去了3次厕所。"

　　赵王认为廉颇老了，就没任用他，廉颇也就没再得到为国报效机会了。

　　楚国听说廉颇在魏国，就暗中派人迎接他入楚。廉颇担任楚将后，没有建立什么功劳。他常常流露出对祖国乡亲的眷恋之情。

　　但赵国终究未能重新启用他，致使这位为赵国做出过重大贡献的一代名将，抑郁不乐，最终死在楚国的寿春，年约85岁。10多年后，赵国被秦国灭亡。

阅读链接

　　战国时，赵国为抗击秦军，派大将廉颇屯兵长平。

　　据说有一天，廉颇到摩天岭察看阵地，发现山腰有大量黄沙。为迷惑秦军，廉颇便令士卒用牛皮和苇席，在山中部修起一座座"粮仓"，又暗令士卒于夜间拉运黄沙，装入仓中。

　　秦兵见赵军粮积如山，不敢轻易来犯，直至长平之战赵军大败后，秦军来起运粮食时，才发现仓中装的全是黄沙。后人便将此山称为大粮山，把摩天岭改称营防岭。

常胜将军李牧

李牧（？—前229年），生于战国时期赵国柏仁，即今河北省邢台隆尧。战国时期的赵国将领。封"武安君"。与白起、王翦、廉颇并称"战国四大名将"。

李牧是战国末年东方六国中唯一能与秦军抗衡的杰出将领，深得士兵和人民的爱戴，有着崇高的威望。

他在一系列的作战中，屡次重创敌军而未尝败，显示了高超的军事指挥艺术。

后世有人将李牧的被害与赵国的灭亡联系在一起，这是人们对他重要作用的肯定，可见他的历史性地位。

■ 战国杰出将领李牧画像

公元前309年，赵武灵王时期，下令国中推行"胡服骑射"，进行了一系列改革，军事力量逐渐强大，屡败匈奴等北方胡人部落。但到了赵惠文王、赵孝成王时期，匈奴各部落军事力量逐步恢复强大起来，并不断骚扰赵国北部边境，赵惠文王便派李牧带兵独当北部戍边之责。

在抗击匈奴的斗争中，李牧即表现了其杰出的军事才能。

为了有利于战备，李牧首先争取到赵王同意，自己有权根据需要设置官吏。另外，本地的田赋税收也全部归帅府，用作军事开支。

李牧针对赵军和匈奴军的特点，深思熟虑，采取了一系列的军事经济措施。他将边防线的烽火台加以完善，派精兵严加守卫，同时增加情报侦察人员，完善情报网，及早预警。

针对剽悍的匈奴骑兵机动灵活、战斗力强及以掠夺为主要作战目的，军需全靠抢掠的特点，为使窜扰的敌骑兵徒劳无功，他命令坚壁清野，并示弱于敌，以麻痹强敌，伺机歼敌。

为此，严明军纪，"匈奴入盗，急入收保，有敢捕虏者斩"，所以每当匈奴入侵边境，烽火台一报警，李牧即下令士兵立即收拾物资退入城堡固守，从不出战，使匈奴无从掳掠。

■ 赵武灵王 （约前340年—前295年），我国战国中后期赵国君主，谥号"武灵"。在位时推行"胡服骑射"政策，赵国因而得以强盛。武灵王本人在前296年的沙丘之乱中被幽禁饿死。

胡服骑射 赵武灵王为了富国强兵，采用西方和北方民族的服饰，教人民学习骑射，史称"胡服骑射"。其制上褶下袴，有貂蝉为饰的冠，金钩为饰的具带，足穿靴，便于骑射。此服通行后，其冠服带履之制，历代有变革。

将帅传奇

将帅风云与文韬武略

战国城墙复原图

雁门 位于山阴县广武城南的咽喉要道上。东临隆岭、雁门山，西靠隆山，两山对峙，形如闹门，每年大雁往飞其间，故称雁门。春秋战国时期，赵武灵王在此置有雁门郡，唐朝置关，叫作西陉关，也叫雁门关，明清时期多有修缮。

这样过了几年，李牧没有人员伤亡，也没有损失过物资。

然而，时间一长，匈奴兵将总以为李牧胆小怯战，根本不把他放在心上；就是赵国边兵们也在下面窃窃私议，以为李牧胆小怯战，有的愤愤不平。

李牧一意坚守不主动出击的消息传到赵孝成王那里，赵孝成王派使者责备李牧，要李牧出击。李牧老谋深算，意欲放长线钓大鱼，也不作解释，我行我素，依然如故。

匈奴一来，即深沟高垒，坚守不出。匈奴往往满怀企望而来，却一无所获而归。

赵王听说李牧仍然一味防守，认为他胆怯无能，灭了自己威风，很生气，立即将李牧召回，派另外一员将领来替代。

新将领一到任，每逢匈奴入侵，即下令军队出战，几次都失利，人员伤亡很大，而且边境不安，百姓没有办法耕种和放牧。

赵王只得又派使臣去请李牧复职，李牧闭门不出，坚称有病，不肯就任。

赵王不得已，只得强令李牧出山。

李牧对赵王说："您一定要用臣的话，臣还要和以前一样。您答应这个条件，我就赴任。"

赵王只好答应了他的请求。李牧又来到雁门，坚持按既定方针办，下令坚守。几年内匈奴多次入侵，都一无所获，还是以为李牧胆小避战。

其实，李牧早已经定下诱敌深入、设伏包歼的计谋，对种种屈辱骂名置之不理，而边庭将士因为天天得到犒赏，却没有出力的机会，都希望能在战场上效力。

李牧看条件成熟了，于是经过严格挑选战车1300辆，又挑选出精壮的战马1.3万匹，勇敢善战的士兵5万人，优秀射手10万人。然后把挑

雁门关遗址模型

■ 古代征战图

单于 匈奴人对他们部落联盟的首领的专称，意为广大之貌。单于始创于匈奴著名的冒顿单于的父亲头曼单于，之后这个称号一直继承下去，直至匈奴灭亡为止。

选出来的车、马、战士统统严格编队，进行多兵种联合作战演习训练。一切准备就绪之后，李牧设法引诱匈奴入侵。

公元前244年的春天，李牧让百姓漫山遍野去放牧牲畜。不久，情报员来报告："有小股匈奴到了离边境不远的地方。"

李牧派了一支小部队出战，佯败于匈奴兵，丢弃下几千名百姓和牛羊作为诱饵让匈奴俘虏去。

匈奴单于王听到前方战报，十分高兴，因久无缴获，于是率领大军侵入赵境，准备大肆掳掠。

李牧从烽火台报警和情报员报告中了解了敌情，早在匈奴来路埋伏下奇兵。待匈奴大部队一到，李牧为消耗敌军，先采取守势的协同作战。

　　战车阵从正面迎战，限制、阻碍和迟滞敌骑行动；步兵集团居中阻击；弓弩兵轮番远程射杀；骑兵及精锐步兵控制于军阵侧后。当匈奴军冲击受挫时，李牧乘势将控制的机动精锐部队由两翼加入战斗，发动钳形攻势，包围匈奴军于战场。

　　经过几年养精蓄锐训练有素的赵军将士们，早已摩拳擦掌，个个生龙活虎，向敌人扑了过去。仿佛是一架运转严整的机器，两翼包抄的1.3万名赵军骑兵仿佛两把锋利砍刀，轻松地撕开匈奴人看似不可一世的军阵，在转瞬间扼住10万匈奴骑兵命运的咽喉。

　　一整天的会战很快演变成一场对匈奴的追歼。10万匈奴骑兵全军覆没，匈奴单于仅带了少量亲随仓皇逃窜。

烽火台 又称烽燧，俗称烽堠、烟墩、墩台。古时用于点燃烟火传递重要消息的高台，系古代重要军事防御设施，是为防止敌人入侵而建的，遇有敌情发生，则白天施烟，夜间点火，台台相连，传递消息。是最古老但行之有效的消息传递方式。

李牧大败匈奴之后，又趁胜利之势收拾了在赵北部的匈奴属国，迫使单于向遥远的北方逃去，进一步清除了北方的忧患。

在这次取得辉煌胜利的战役之后，匈奴兵慑于赵军之威，10多年内不敢入侵赵的边境。李牧也因此成为继廉颇、赵奢之后赵国的最重要的将领。

公元前246年以后，李牧曾因国事需要调回朝中，以相国身份出使秦国，订立盟约，使秦国归还了赵国之质子。

公元前245年，赵孝成王逝世，赵悼襄王即位。公元前244年，廉颇的大将军一职被取代，廉颇一怒之下，带领自己部下，投奔魏国去了。当时，赵奢、蔺相如已死，李牧成为朝中重臣。

公元前232年，秦王政派秦军入侵。秦军兵分两路攻赵，以一部兵力由邺北上，准备渡漳水向邯郸进

将帅传奇

将帅风云与文韬武略

■ 战国赵长城遗迹

匈奴骑兵图

迫，袭扰赵都邯郸。秦王政亲率主力由上党出井陉，企图将赵拦腰截断，进到番吾。

因李牧率军抗击，邯郸之南有漳水及赵长城为依托，秦军难以迅速突破。

李牧遂决心采取南守北攻，集中兵力各个击破的方针。他部署司马尚在邯郸南据守长城一线，自率主力北进，反击远程来犯的秦军。

两军在番吾附近相遇。李牧督军猛攻，秦军受阻大败。李牧即回师邯郸，与司马尚合军攻击南路秦军。秦南路军知北路军已被击退后，料难获胜，稍一接触，即撤军退走。

这次李牧击退秦军，是秦、赵两国交战中，赵国最后一次取得的重大胜利。当时韩、魏已听命于秦，尾随秦军攻赵，李牧为此又向南进军，抵御韩、魏的进攻。

公元前229年，赵国由于连年战争，再加上北部地震，大面积饥荒，国力已相当衰弱。秦王政乘机派大将王翦亲自率主力进围赵都邯郸。赵悼襄王任命李牧为大将军，率全军抵抗入侵秦军。

王翦知道李牧不除，秦军在战场上不能速胜，禀告秦王，再行反间故伎，派奸细入赵国都城邯郸，用重金收买赵悼襄王的近臣，让他们散布流言蜚语，说什么李牧、司马尚勾结秦军，准备背叛赵国。

昏聩的赵悼襄王一听到这些谣言，不加调查证实，立即派人去取代李牧。

李牧为社稷军民计，拒交兵权，继续奋勇抵抗。赵悼襄王便暗中窥探，乘其不备之时，命人加以捕获残杀，并罢黜废免了司马尚。

3个月后，王翦大破赵军，灭掉了赵国。

李牧这位纵横沙场的名将，最终死在了他所誓死保卫的祖国君臣的手中。他的无辜被害，使后人无不扼腕叹息！

将帅传奇

将帅风云与文韬武略

阅读链接

李牧在边关的岁月里，非常注重密切官兵关系。

他深深懂得这样的道理：作战中，军官是指挥者，士兵则是直接冲锋陷阵者，二者相互配合，指挥正确，将士用命，士卒勇搏，方能战胜强敌；否则就会兵将离心，士不用命，导致作战失败。

为了增强士兵的体质，提高部队战斗力，李牧每天都会杀几头牛犒劳士兵，还让战士精练骑马射箭战术。全军战士由于得到厚遇，士气高昂，人人奋勇争先，冲锋陷阵，愿为国家出力效劳。

将帅风云

秦汉至隋唐是我国历史上的中古时期。在封建社会初步确立的秦汉时期，战事不断，将军的重要性凸显。

封建统治者为了加强军事力量，千方百计选拔人才，一批骁勇善战之将脱颖而出。随着政治和战争格局的演变，武将的地位在战乱中得以提升。

中古时期的这些将帅，能征惯战，忠君报国，为江山社稷立下了汗马功劳，更为后世为将之道建立了精神坐标。

中华第一勇士蒙恬

蒙恬（？—前210年），姬姓，蒙氏，名恬。祖籍齐国，今山东省人。他是秦始皇时期的著名将领，曾出身于一个世代名将之家。祖父蒙骜、父亲蒙武均为秦国的名将。他深受家庭环境的熏陶，自幼胸怀大志，并具有军事天赋。

他率大军北击匈奴，收复河套地区，是祖国西北最早的开发者，也是古代开发宁夏第一人。

他曾经修筑长城，在北部边陲防御匈奴多年，威震北方，使"胡人不敢南下而牧马"。被誉为"中华第一勇士"。

■ 秦始皇时期的著名将领蒙恬画像

■ 匈奴战士

　　蒙恬出身于一个世代名将之家。祖父蒙骜为秦国名将，在秦昭王手下，官至上卿。蒙恬成长于武将之家，深受家庭环境的熏陶，自幼胸怀大志，立志冲锋陷阵，报效国家。他天资聪颖，熟读兵书，逐渐培养了较高的军事素养。

　　公元前221年，蒙恬被封为将军，亲率大军攻破齐都，实现了秦始皇梦寐以求的全国统一。蒙恬也因破齐有功被拜为内史，成为京城的最高行政长官。

　　正当秦国都城咸阳城里欢庆胜利的时候，秦国北部边境传来匈奴频繁骚扰并大举南侵的消息。匈奴军队杀人放火，抢劫牲畜财物，边疆人民苦不堪言。这时，秦国刚刚统一，人心思定，军民厌战。

　　蒙恬不顾连年征战的辛劳，接受北逐匈奴的命令，开赴河套一带。

河套　一般指贺兰山以东、吕梁山以西、阴山以南、长城以北之地。包括宁夏平原和鄂尔多斯高原、黄土高原的部分地区，今分属宁夏、内蒙古、陕西。黄河在这里先沿着贺兰山向北，再由于阴山阻挡向东，后沿着吕梁山向南，形成"几"字形，故称"河套"。

■ 秦始皇铜像

公元前215年，秦始皇以蒙恬为帅，统领30万秦军北击匈奴，日夜兼程赶赴边关。扎下大营后，蒙恬一边派人侦察敌情，一边亲自翻山越岭察看地形。第一次交战，就杀得匈奴人仰马翻，四散溃逃。

公元前214年的春天，蒙恬跟匈奴人在黄河以北，进行了几场战争，匈奴主力受重创。这几场战争最具决定性的意义，匈奴人被彻底打败，向遥远的北边逃窜。蒙恬没有辜负众望，勘定河套，打得匈奴魂飞魄散。

经过河套之战，当时的秦军再无敌手，蒙恬也一跃成为秦帝国最为出色的将领。蒙恬勇敢作战、出奇制胜、击败匈奴的大战，是他一生征战的最大的一次战绩，人们称赞他是"中华第一勇士"。

在战争期间，还发生了蒙恬和扶苏的一段友情插曲。

秦始皇统一全国后，为了巩固其政治统治，施行严酷的暴政。一场天下读书人的灾难席卷中华大地。

秦始皇大举焚书坑儒，他的长子扶苏竭力阻止，秦始皇非但不听，反而把他贬到边关，让他监督蒙恬守卫边疆。从此，扶苏和蒙恬就结下了不解之缘。

扶苏初到边关，甚为苦闷，蒙恬劝告他说，既来

扶苏（？—前210年），姓嬴，是秦始皇的长公子。后被赵高、李斯等人谋杀，改立公子胡亥为帝。扶苏素有贤名，天下尚不知扶苏已然冤死，或有言"少子，不当立，当立者乃公子扶苏"，后来陈胜、吴广起事之时，便假称"公子扶苏"起兵，以号召响应的武士。

之则安之，守边也很重要。扶苏感到蒙恬待他诚恳热心，便安下心来协助蒙恬训练军队。两人甚是投机，便成了无话不说的朋友，这为蒙恬的含冤而死埋下了伏笔。

在蒙恬打败匈奴，拒敌千里后，带兵继续坚守边陲。他根据"用险制塞"以城墙来制骑兵的战术，调动几十万军队和百姓筑长城。

把战国时秦、赵、燕三国北边的防护城墙连接起来，建起了西起临洮，东至辽东的长达5000多千米的长城，用来保卫北方农业区域，免遭游牧匈奴骑兵的侵袭。

蒙恬又于公元前211年，发遣3万多名罪犯到兆河、榆中一带垦殖，发展经济，加强军事后备力量。蒙恬又派人马，从秦国都城咸阳至九原，修筑了宽阔的道路，缓解了九原交通闭塞的困境。

蒙恬还沿黄河河套一带设置了44个县，统属九原郡，建立了一套治理边防的行政机构。蒙恬和公子扶苏还曾经多次上疏秦始皇请求减免徭役，同时，和扶苏商议如何合理安排人力，来减轻徭役。

蒙恬的这些措施，不但加强了北方各族人民经济、文化的交流和融合，更重要的是对于调动军队，运送粮草等具有重要战略意义。

风风雨雨、烈日寒霜，蒙恬将军驻守九郡10余年，威震匈奴，受到秦始皇的推崇和信任。然而，英雄背后往往都隐藏着各色的小人，致使很多英雄经常不是战死在沙场，而是饮恨不能善终。

蒙恬的死可以说是带着悲

扶苏石刻

长子扶苏

■ 李斯画像

将帅风云与文韬武略

蒙毅（？—前210年），为秦朝大将蒙恬的弟弟，他曾任职廷尉，主掌刑罚及监察朝臣。蒙毅是秦始皇的上卿，在始皇帝晚年，他是最被信任的大臣之一。出行则做秦始皇的参乘，入则在皇帝的御前。后被赵高害死。

壮、无奈与叹惋。早在蒙恬被封为将军时，其弟蒙毅也位至上卿。蒙氏兄弟深得秦始皇的尊崇，蒙恬担任外事，蒙毅常为内谋，当时号称"忠信"。其他诸将都不敢与他们争宠。蒙毅法治严明，从不偏护权贵，满朝文武，无人敢与之争锋。

有一次，内侍赵高犯有大罪，蒙毅依法判其死罪，除去他的宦职，但却被秦始皇赦免了。从此时起，蒙氏兄弟便成了赵高的心病。

公元前210年冬，秦始皇嬴政游会稽途中患病，派身边的蒙毅去祭祀山川祈福，不久秦始皇在沙丘病死，死讯被封锁。

此时担任中车府令的赵高想立公子胡亥，于是就同丞相李斯、公子胡亥暗中谋划政变，立胡亥为太子。因早先赵高犯法，蒙毅受命公正执法，引起赵高对蒙氏的怨恨，因此，黑手就首先伸向了蒙氏。

秦始皇死后，赵高担心扶苏即位，蒙恬得到重用，会对自己不利，就扣住遗诏不发，与胡亥密谋篡夺帝位。他又威逼利诱，迫使李斯和他们合谋，假造遗诏。

"遗诏"指责扶苏在外不能立功，反而怨恨父皇，便遣使者以捏造的罪名赐公子扶苏、蒙恬死。

扶苏自杀，蒙恬内心疑虑，请求复诉。使者把蒙恬交给了官吏，派李斯等人来代替蒙恬掌兵，囚禁蒙恬于阳周。

胡亥杀死扶苏后，便想释放蒙恬。但赵高深恐蒙氏再次贵宠用事，对己不利，执意要消灭蒙氏，便散布在立太子问题上，蒙毅曾在始皇面前毁谤胡亥。胡亥于是囚禁并杀死了蒙毅，又派使者前往阳周去杀蒙恬。

使者对蒙恬说："你罪过太多，况且蒙毅当死，连坐于你。"

蒙恬说："自我先人直至子孙，为秦国出生入死已有3代。我统领着30万大军，虽然身遭囚禁，我的势力足以背叛。但我知道，我应守义而死。我之所以这样做，是不敢辱没先人的教诲，不敢忘记先主的恩情。"

使者说："我只是受诏来处死你，不敢把将军的话传报皇上。"

蒙恬长叹道："我怎么得罪了上天？竟无罪而被处死？"沉默良久又说，"我的罪过本该受死，起临洮，到辽东筑长城，挖沟渠一万余里，其间不可能没挖断地脉，这便是我的罪过呀！"

于是吞药自杀。

> **阅读链接**
>
> 公元前223年的一天，蒙恬打猎时见一只兔子的尾巴在地上拖出血迹，他灵机一动，剪下一些兔尾毛，回来后插在竹管上试着写字。
>
> 可兔毛油光光的，不吸墨，又试几次还是不行，就随手扔进门前的石坑里。
>
> 有一天，他无意中捡起那支被扔掉的兔毛笔"，发现兔毛变得更白了，往墨盘里一蘸，兔尾竟变得非常"听话"，写起字来非常流畅。原来，石坑里的水含有石灰质，经碱性水的浸泡，兔毛的油脂去掉了，变得柔顺起来。
>
> 传说这就是毛笔的来历。

最勇猛的武将项羽

项羽（前232年—前202年），名籍，字羽，通常被称作项羽。生于秦代下相，即今江苏省宿迁市。他是秦末起义军领袖，曾消灭秦军主力，推翻秦朝。他是我国古代杰出的军事家及著名政治人物。我国军事思想"勇战派"的代表人物。

项羽的武勇古今无双，是中华数千年历史上最为勇猛的武将。

■西楚霸王项羽画像

项羽出生在名将世家，他的祖父项燕为战国末年楚国名将，后与秦作战兵败自杀。叔父项梁也极为勇猛，秦统一后，项梁因为杀了人，便带着项羽躲避在吴中。

项羽在青年时代就力能扛鼎，学书、学剑都不成。这使项梁很生气，于是改教他兵法。他略知大意后，即不肯深学。但项羽少怀大志，疾恶如仇，看见秦始皇时，发出了"彼可取而代之"的感叹。

公元前209年，陈胜、吴广在大泽乡领导反秦起义，随即建立张楚政权。原六国贵族闻讯后，也纷纷起兵响应。这年9月，项梁与项羽也起兵，带领吴中兵士反秦，当时项羽为裨将，手下有精兵8000人。

公元前208年3月，项梁即率所部渡江，途中东阳令史陈婴率义军2万名投奔项军。渡过淮河后，秦降将英布等又以兵相随，项军兵力一时达到六七万人，成为当时反秦武装的主力。

6月，项梁召集起义将领计议，自号武信君。之后，项梁率义军分别大破秦军于东阿、定陶。

项羽和在反秦浪潮中造反的刘邦也攻占城阳、雍丘。不久，由于项梁骄傲轻敌，被秦将章邯乘隙袭破，项梁阵亡。项羽、刘邦退保彭城。

■ 楚汉相争图

项燕（？—前223年），其家族世代为楚国将领，受封于项，后用为姓氏。公元前224年，秦王倾全国兵力，以王翦为将，率60万大军大举攻楚，楚国危亡在即。楚军猝不及防，仓促应战，结果大败，项燕在兵败之下自杀。秦军乘胜攻占了楚国大片地域。

■ 项羽雕像

将帅传奇

将帅风云与文韬武略

巨鹿 汉时置县，晋时为国。巨鹿还是历代兵家必争之地，著名的楚汉"巨鹿之战"即发生于此，西汉末王莽与刘秀之争，东汉末黄巾起义，明王朱棣的"靖难之役"、明末的明清兵"贾庄大战"，清末的景廷宾夏头寺起义等，都给这片沃土留下了历史的一页。

这时，秦将章邯又渡河北上击赵，与秦将王离、涉间合军进围巨鹿，要消灭起义军。楚怀王命宋义为上将军，项羽为次将，率兵救赵。

宋义到安阳后，滞留46天不前进，想坐观成败。于是，项羽以宋义与齐密谋反楚为名，杀死了宋义。

怀王即命项羽为上将军，统率全军救赵。

项羽派2万兵马迅速渡过漳河，以解巨鹿之围；自己亲自率全军渡河，破釜沉舟，进击秦军。双方经9次激战，楚兵大破秦军，王离被俘，涉间自杀。

巨鹿一战，秦朝的主力被消灭殆尽，亡国只是迟早的事了。当楚军救赵时，诸侯军皆作壁上观。

战事结束后，诸侯将领拜见项羽，都跪着向前，看都不敢看他。从此，各路诸侯军都听从项羽指挥。接着，项羽又大破秦军，并利用秦统治集团内部矛盾招降了章邯。

当项羽率军进入关中时，刘邦已先期进据咸阳。由于有约在先，"先入关者为王"，刘邦理应称王。

但项羽入关后，却倚恃手中40万大军，企图消灭刘邦，独霸天下。在鸿门宴上，刘邦在谋士张良的帮助下，卑辞言和，骗取了项羽的信任，双方的紧张关系暂时缓解。

鸿门宴之后，项羽随即引兵咸阳，诛杀秦降王子婴，焚烧秦宫室，掳掠财宝和美女东归，使自己再一次大失民心。

公元前206年，项羽以怀王为义帝，又分封各诸侯为王，自立为西楚霸王，占有梁地、楚地九郡，定都彭城，封刘邦为汉王。不久，田荣、陈余、彭越等相继举兵反楚。

刘邦也以关中为基地，进逼西楚。于是，爆发了历时4年多的楚汉战争。

项羽自称西楚霸王后，号令天下，大失民心。他自己也渐渐骄傲起来，对其他的诸侯放松了警惕，从而逐渐由强盛走下坡路，最后招致"垓下之围"的悲惨结局。

在垓下，项羽被刘邦的军队重重包围，兵少粮尽，只剩28骑。而追他的汉骑有数千之多。项羽命令骑兵都下马步行，手持短兵器与追兵交战。他自己飞斩敌将，杀死汉军几百人，令汉军畏而却步。项羽自己也负伤10多处。项羽依然坚决抵抗，即使到了乌江，走投无路

项王故里

■ 霸王别姬蜡像

时，乌江亭长要渡他到江东去，他也不愿让江东父兄看到他兵败将亡、狼狈不堪的情景。

所以，他拒绝渡江。

后来，项羽终因寡不敌众，四面楚歌，面对着美人虞姬和名马乌骓，流下了伤心的眼泪，以自刎来结束自己的生命。

项羽自刎前，仍称"此天之亡我，非战之罪也"，而不能认识自己终致失败的原因。后来，刘邦以鲁公礼葬项羽于谷城。

阅读链接

项羽精通十八般兵器，其中独爱百兵之王——枪。传说项羽起兵之前，会稽郡曾天降陨石，后来项梁私下请当地铸造兵器的名人们用此石取铁为项羽锻造兵器，经九天九夜，终锻成一杆巨型錾金虎头枪。

这支枪长1.29丈，重65千克，仅枪杆就有碗口般粗细，项羽为其起名曰"霸王"。此枪常人需两人齐力方可抬动，但项羽天生神力，使此枪只用单手。后来，项羽更自创出一套无敌的枪法"单手十八挑"，所向无敌，锐不可当。

杰出军事人才韩信

　　韩信（约前231—前196年），生于西汉时的淮阴，即今江苏省淮安。西汉大将军，左丞相。他是开国功臣，虏魏、破代、平赵、下燕、定齐，为汉朝的天下立下赫赫战功。他被封为齐王、楚王和淮阴侯。与萧何、张良并列为"汉初三杰"。

　　他是我国历史上杰出的军事家，也是我国军事思想"谋战"派代表人物，被后人奉为"兵仙""战神"。

　　"国士无双""功高无二，略不世出"是楚汉之时人们对其的评价，可见他的巨大影响性。

汉初三杰之一韩信画像

陈胜 （？—前208年），字涉，河南驻马店市平舆县阳城乡人。秦朝末年反秦义军的首领之一，他与吴广同在安徽宿州西南率众起兵，成为反秦义军的先驱。不久后在陈郡称王，建立张楚政权。后被秦将章邯所败，遭车夫刺杀而死。

韩信年少时父母双亡，家道贫寒，却刻苦读书，熟演兵法，怀安邦定国之抱负。苦于生计无着，于不得已时，在熟人家里吃口闲饭，有时也到淮水边上钓鱼换钱，屡屡遭到周围人的歧视和冷遇。

公元前209年，陈胜、吴广揭竿而起。韩信投身项梁的西楚军。项梁战死后，继随项羽，但未受项羽重用，只是充当一名执戟卫士。他多次向项羽献策，均不被采纳。于是他愤然逃出楚营，投奔汉王刘邦。

刘邦初始也没把他当将才使用，只任命他为治粟都尉。韩信见刘邦不肯重用，决意离汉营而去。刘邦的丞相萧何素知韩信之才，闻讯即刻骑马月夜苦追，将他劝回，由此留下了"萧何月下追韩信"的美谈。

后来，刘邦在萧何的屡次劝说下，亲自与韩信讨论军国大事，他发现韩信确实为稀世之才。于是，刘

■ 萧何月色追韩信图

■ 刘邦为韩信推车图

邦特举行仪式，拜其为大将。

韩信拜将后，刘邦问他有何定国安邦的良策。韩信建议刘邦向三秦的属地发展，然后在关中称王。韩信实际上为刘邦制定了东征以夺天下的方略。

刘邦听后大喜，自恨得到韩信太晚了。刘邦听从韩信之计，部署诸将准备出击。

公元前206年8月，被封汉王的刘邦乘项羽进攻齐地之机，决计出南郑袭占关中，与项羽争天下。就这样，历史上有名的"楚汉战争"爆发了。

刘邦拜韩信为大将，以曹参、樊哙为先锋，利用秦岭栈道已被汉军烧毁、敌军松懈麻痹之机，采取明修栈道，暗度陈仓之计，派樊哙、周勃率军万余大张声势地抢修栈道，吸引三秦王的注意力，自己则亲率军队潜出故道，翻越秦岭，袭击陈。

秦将章邯从废丘仓促率军驰援陈仓，被汉军击败，逃至废丘、好畤。汉军分路追击，进围章邯残部

关中 关中之名始于战国时期，因为西有散关，东有函谷关，南有武关，北有萧关，故取意四关之中，后增东方的潼关和北方的金锁两座。四方的关隘，再加上陕北高原和秦岭两道天然屏障，使关中成为自古以来的兵家必争之地。

将帅传奇

将帅风云与文韬武略

■ 大将韩信雕像

栈道 又名"阁道""复道""栈阁"。古时候在今四川、云南、陕西、甘肃诸省境内峭岩陡壁上凿孔架桥连阁而成的一种道路，栈道是当时这些地区的重要交通要道。在战国时即已修建栈道，秦伐蜀时修有金牛道，被后世称为南栈道，总长247.5千米。

于废丘。此后连续作战，分兵略地，迅速占领关中大部，平定三秦之地，取得了对楚的初战胜利。

刘邦采纳韩信对楚实施战略包围的建议，在坚持对楚正面作战的同时，给韩信增兵3万人，命其率军东进，进攻赵国。赵王得知韩信来攻，就陈兵20万在井陉抗击汉军。韩信大胆引兵前来，离井陉15千米处驻扎下来。

半夜选2000轻骑兵，人持一面红旗，从小路来到山坡上伪装隐蔽起来，窥视赵军。

他告诫将士："赵军见我军出击，一定倾巢而出，你们就乘机迅速冲入赵军营地，拔掉赵国旗帜，插上汉军红旗。"随后，他又命令副将传令大家："今天打败赵军之后会餐。"将士们谁都不相信，只好假意称是。

韩信又召集将领们分析敌情，韩信认为："赵军已先占据了有利的地势，他们在未见到汉军大将旗鼓之前，定会担心我们遇到阻险而退兵，是不肯轻易发兵攻打我们的。"于是，韩信派1万人为先头部队，背靠河水摆开阵势。

赵军见汉军摆出只有前进而无退路的绝阵，都大笑不已。

天刚亮，韩信打起了大将军的旗号和仪仗鼓吹，击鼓进军井陉口。赵军果然出营迎击，大战良久，韩信弃鼓旗，佯装打败，退到井陉的河边军阵之中。

赵军见状，立刻倾巢而出，追逐韩信，争夺汉军丢下的旗鼓。韩信退入河边阵地。

这时，韩信所派的2000轻骑兵等赵军倾巢而出追击汉军，争夺战利品的时候，立即冲入赵军营垒，拔掉赵军旗帜，竖起2000面汉军的红旗。

赵军在河边久战韩信不胜，就想退回营垒，却见营中遍是汉军红旗，各个大惊失色，认为汉军已经把赵王及其将领全部俘虏了，于是阵势大乱，四散奔走逃命。赵军主将斩杀数人，竭力阻止，却不见成效。

这时，汉军突然两面夹击，大破赵军，活捉了赵王歇。韩信大获全胜，诸将前来祝贺，无不佩服韩信的用兵之术。随后，韩信又引兵东进击齐。

这时齐国已决计降汉，对汉军的戒备松懈，韩信乘机袭击了齐驻守在历下的军队，随后一直打到临淄。齐王田广惊恐，逃到高密后，派人向楚求救。

韩信袭破赵国的临淄，项羽闻讯后，遣大将龙且亲率兵马与齐王田广合力抗汉，号称20万众。有人建议龙且深沟高

■ 韩信画像

将帅风云与文韬武略

■ 张良、萧何、韩信三杰

垒，以守为攻。

龙且轻视韩信，又急求战功，不用此计，率兵与韩信军隔潍水东西摆开阵势。

韩信连夜派人做了1万多条袋子，盛满沙土，壅塞潍河上流。率一半军队涉水攻击龙且的阵地。

龙且出兵迎击，韩信佯装败退。龙且以为韩信怯弱，率军渡江进击。这时韩信命人决开壅塞潍河的沙袋，河水奔流而至，龙且的军队无法渡河。韩信挥军猛烈截杀，杀死龙且。

东岸的齐、楚联军见西岸军被歼，便四处逃散。韩信趁机率军渡水追击至城阳，楚兵皆被俘虏。齐王田广逃走不久被杀。公元前203年，齐地全部平定。

韩信平定齐国之后，派人向刘邦上书说："齐国狡诈多变，是个反复无常的国家，南边又与楚国相邻，如不设立一个代理王来统治，局势将不会安定。

我希望做代理齐王，这样对形势有利。"

刘邦见信后，派张良前去立韩信为齐王，并征调他的部队攻打楚军。

齐国失利，龙且战死，使项羽非常恐慌。派人前去游说韩信反汉与楚联合，三分天下称王齐地，结果被韩信谢绝。

游说失败后，齐人蒯通知道天下大局举足轻重的关键在韩信手中，于是用相人术劝说韩信，认为他虽居臣子之位，却有震主之功，名高天下，所以很危险。蒯通终于说得韩信心动，但韩信犹豫不决，不忍背叛刘邦，又自以为功劳大，刘邦不会来夺取自己的齐国。于是，韩信最后没有听从蒯通的计谋。

公元前202年，刘邦趁项羽无备，楚军饥疲，突然对楚军发动战略追击。同时约韩信从齐地南下合围楚军。

韩信未能如期南下，刘邦追击楚军至固陵，楚军反击，刘邦大败而归。

为调动韩信，刘邦听从张良之谋，划陈以东至海广大地区为齐王韩信封地。同时，又封彭越为梁王，并由韩信统一指挥，韩、彭遂率兵攻楚。

韩信从齐地南下，占领

■ 张良（约前250年—前186年），字子房，祖先五代为韩国丞相，他是汉高祖刘邦的谋臣，与韩信、萧何并列为"汉初三杰"。以出色的智谋，协助汉高祖刘邦在楚汉之争中最终夺得天下。被封为留侯。张良在去世后，谥为文成侯。

■ 刘邦韩信萧何雕塑

将帅风云与文韬武略

楚都彭城和今苏北、皖北、豫东等广大地区，兵锋直指楚军侧背。彭越也从梁地西进。与此同时，汉将刘贾会同九江王英布自下城父北上；刘邦则率部出固陵东进。至此，汉军形成从南、北、西三面合围楚军之势，项羽被迫向垓下退兵。

公元前202年12月，刘邦、韩信、刘贾、彭越、英布等各路汉军约计40万人，和项羽的10万楚军于垓下展开决战。

汉军以韩信率军居中，将军孔熙为左翼、陈贺为右翼，刘邦率部跟进，将军周勃断后。韩信挥军进攻失利，引兵后退，命左、右翼军继续攻击。楚军迎战不利，韩信再挥军反击。楚军大败，退入壁垒坚守，被汉军重重包围。

楚军屡战不胜，兵疲食尽。韩信命汉军士卒夜唱楚歌，歌中唱道：

人心都向楚，天下已属刘；韩信屯垓下，要斩霸王头。

歌词极具煽惑性，加之曲调幽咽，致使楚军士卒思乡厌战，军心瓦解。韩信乘势进攻，楚军大败，10

垓下 古代地名，位于安徽省灵璧县东南。垓下古战场俗称霸王遗址，现在叫霸王城，当年的垓下古战场位于安徽省宿州市灵璧县城东南沱河北岸的韦集镇垓下村一带，现在的垓下村就是2000多年前的霸王古城。

万军队被全歼。项羽逃至东城自刭而死。

刘邦于是还至定陶，驰入韩信军中，收夺了他的兵权，后封韩信为楚王，都下邳。

刘邦对韩信的军事才能心怀疑虑，生怕他造反，无人能敌。谋士陈平便给刘邦出主意，让他假称巡游南方，然后借韩信朝见的时候诱捕他。刘邦采纳了陈平的建议，动身去南方巡游。

刘邦来到韩信封地的边境，派使者去让韩信来接驾。韩信觉察了刘邦的意图，但觉得自己并没有做什么对不起刘邦的事，就坦然去见刘邦。

韩信刚到刘邦的住处，刘邦不容分说，就把他押了起来。刘邦把韩信押回了长安，但实在没有找到他谋反的证据，没有理由杀他，所以只好削夺了他的王位，改封他为淮阴侯。

韩信知道刘邦想杀他，所以经常称病而不去上朝。在被软禁的时间里，韩信与张良一起整理了先秦

■ 抱犊寨韩信祠

刘邦雕塑

以来的兵书，共得182卷，这也是我国历史上第一次大规模兵书整理，为我国军事学术研究奠定了科学的基础。同时还收集、补订了军中律法。著有兵法3篇，可惜已经散佚。

公元前196年寒冬正月，武士把韩信捆缚起来，在长乐宫中的钟室里斩杀了他。

韩信临斩时说："我当初没听蒯通的计谋，现在反被陷害，简直是天意！"

大汉开国元勋淮阴侯韩信，死时年仅35岁。

阅读链接

韩信年少时品行不好，不能被推选为官吏，又不能做生意为生，曾经从别人那儿得到食物，大部分人都很讨厌他。

韩信钓鱼在城下，有个漂洗衣物的妇人，看见韩信十分饥饿，给韩信饭吃。

韩信十分高兴，告诉洗衣服的人说："我以后一定重报您！"

洗衣服的人十分生气说："大丈夫不能自己养活自己，我是可怜年轻人，你吃顿饭难道就要报答？"

韩信后来被刘邦封为齐王，锦衣玉食，就召见当时给他饭吃的洗衣妇人，报答她千两黄金。

汉之飞将军李广

李广（？—前119年），
生于陇西成纪，即今甘肃省
天水市秦安县。西汉时期名
将，骁骑将军。

他历经汉文帝、汉景帝
和汉武帝三朝。曾经参与平
定七国的叛乱，勇夺军旗，
战功显赫。

他在抗击匈奴的战争
中，深入敌后，巧妙周旋，
堪称孤胆英雄。匈奴畏服，
称之为"汉之飞将军"，数
年不敢来犯。

● 飞将军李广画像

将帅风云与文韬武略

■ 李广射石图

李广的祖先是秦王政时李信，曾率军击败燕太子丹。李广家族世代接受仆射这一官职。

公元前166年，匈奴大举入侵边关，李广少年从军，抗击匈奴。他作战英勇，杀敌颇众，使汉文帝大为赞赏。因善于用箭，杀死和俘虏了众多敌人，升为汉中郎，以骑士侍卫皇帝。

李广曾经多次跟随汉文帝射猎。

有一次，汉文帝出去狩猎。突然，眼前跳出一只斑斓猛虎。负责侍卫的李广立刻跳出，与猛虎扭打在一起，最后，李广以短剑将老虎刺死。

汉文帝慨叹道："可惜呀，你生在太平时期。如果生在大汉初年的战争年代，以你的武功，做个万户侯也不在话下！"

汉景帝即位后，李广升为武骑郎将。

当时，以被封为吴王的刘濞为中心的7个刘姓宗室诸侯由于不满国家削减他们的权力，所以兴兵叛乱，史称"七国之乱"。叛乱发生后，李广以骁骑都尉官职跟随太尉周亚夫出征平叛，在昌邑城下夺得叛军军旗，立下显赫战功。

平定"七国之乱"后，李广被调往上谷、上郡、陇西、雁门、代郡、云中等西北边陲做太守。他在抗击匈奴入侵的过程中，屡涉险境，战果斐然。

有一次，匈奴进攻上郡，汉景帝派了一名亲随到李广军中。这名亲随带了几十骑卫士出游，路上遭遇3名匈奴骑士，结果，卫士们全被射杀，亲随本人也中箭逃回，并把事件报告给李广。

李广说："这一定是匈奴的射雕手。"说完，他带上100名骑兵前去追赶那几个匈奴人。

那几个匈奴人没有马，徒步前行。刚走了几十千米，就被李广追上了。李广命令他的骑兵左右散开，两路包抄。

李广开弓引箭，射杀了其中的两个，活捉了一个。李广一问，果然是匈奴的射雕手。

李广刚把俘虏缚上马，匈奴数千骑兵赶来，见到李广等人，以为是汉军诱敌之兵，连忙抢占了一座高地。

李广所带的100名骑兵士慌忙欲逃。李广大喝道："我们远离大军数十里，逃必死！不逃，匈奴以为是诱敌之计，必不敢攻击我们。"

于是，带领兵士向匈奴骑兵迎去。离匈奴阵前1千米处，他令士兵

■ 汉景帝 （前188年—前141年），即刘启，汉文帝刘恒的长子，母亲是汉文帝皇后窦氏，即窦太后。出生于代地中都，即今山西省平遥县。西汉第六位皇帝，在位16年，谥号"孝景皇帝"。他统治时期与其父汉文帝统治时期合称"文景之治"。

■ 雁门关遗址

下马解鞍。

匈奴搞不清他们的意图，果然不敢攻击，只派一名将官出阵试探。李广飞马抢到阵前，将他射落马下，然后从容归队。

至夜半时，匈奴认为一定有汉军埋伏夜袭，就引兵而去。

公元前128年，匈奴又一次兴兵南下，前锋直指上谷。李广任骁骑将军，率1万骑兵出雁门关。在作战中，李广因寡不敌众而受伤。匈奴单于久仰李广威名，命令手下生擒李广。

匈奴骑兵抓住李广后，把受伤的李广放在两匹马中间，让他躺在用绳子结成的网袋里。走了5千多米路，李广装死，斜眼瞧见他旁边有个匈奴少年骑着一匹好马，李广突然一跃，跳上匈奴少年的战马，把少年推下马，摘下他的弓箭，策马扬鞭向南奔驰。

匈奴骑兵数百人紧紧追赶。李广边跑边射杀追兵，终于逃脱，收集余部回到了京师。

李广展现出的惊人骑射技术，给匈奴人留下深刻的印象，这正是匈奴称其为"汉之飞将军"的由来。

公元前121年，李广以郎中令身份率4000骑兵从右北平出塞出征匈奴。部队前进了数百千米，突然被匈奴左贤王带领的4万名骑兵包围。

李广的士兵们都非常害怕。李广就派自己的儿子李敢先入敌阵探察敌情。

李敢率几十名骑兵，冲入敌阵，突破匈奴的重围，抄出匈奴的两翼而回。回来后向李广报告说："匈奴兵很容易对付。"

李广的军士听了才安定下来。

李广布成圆形阵势，面向四外抗敌。匈奴猛攻汉军，箭如雨下，汉兵死伤过半，箭也快射光了。李广命令士兵把弓拉满，不要发射，他手持强弩"大黄"射杀匈奴裨将多人，匈奴兵将大为惊恐，渐渐散开。

此时天色已晚，汉官兵都吓得面无人色，但李广

■ 李广故居

却意气自如，更加致力于整饬军队。军中官兵从此都非常佩服李广的勇气。

第二天，他又和敌兵奋战。这时，一支救兵赶到，解了匈奴之围。

公元前119年，大将军卫青与骠骑将军霍去病深入漠北打击匈奴。李广多次请求随军出征，汉武帝认为他年老未被启用。后来汉武帝终于任命其为前将军，随卫青出征。

在发兵前，卫青得知单于的驻扎地后，决定亲自率部队袭击单于，命前将军李广与右将军赵食其从东路夹击。东路道迂回且远，水草极少，不利于行军。

李广希望作为先锋正面对抗单于。可是汉武帝认为李广年老又命数不好，出征时总是遇到各种状况，就暗地里嘱咐卫青不要让李广与单于正面对阵。

李广拒绝调动，卫青不接受他的请求，命令长史下道文书，让李广赶快到所在部队去，照文书说的办。李广没有向卫青告辞就回到营中，领兵与右将军会合，从东路出发。

但他的部队因无向导或者向导死亡，迷失了道路，落在大将军后面，耽误了约定的军期。

漠北之战，卫青虽然有效击杀匈奴，但单于逃走，卫青只得徒劳而返。在回军的路上，卫青与李广、赵食其会合。

漠北 指瀚海沙漠群的北部，也就是狭义的塞北之北，包括蒙古和贝加尔湖，在历史上是匈奴、突厥、蒙古人的活动中心，是北方游牧民族向中原汉族发动侵略的根据地。

赵食其 西汉将军，祋祤人，本为主爵都尉，公元前119年，为右将军，与曹襄、李广、公孙贺随卫青，出定襄，迷路当斩，赎为庶人。

■ 骑兵雕塑

飞将军李广墓

　　会合后，由于要向武帝汇报此战的经过，卫青派长史拿了干粮酒食送给李广，顺便问起李广等迷路的情况。卫青回来后向天子上报，把走失单于的责任推给右将军赵食其。

　　李广一身正直，自然不答应，他叹道："我与匈奴交战70余次，如今幸随大将军深入漠北，而大将军又令我率部迂回远行，又迷失道路，这真是天意呀！"言毕，自负的李广拔出佩剑引颈自刎。

　　李广部下军士大夫一军皆哭。百姓闻李广死讯以后，无论认识与不认识他的，无论老者青年，皆为之流泪。

阅读链接

　　李广是使弓的高手。

　　当时，有老虎出没。某一天，李广率军巡视，远远见到老虎，于是拉弓射出，没想到老虎却完全没有倒下。大家感到不可思议，于是便靠近察看，才知道那是一块形如老虎的巨石，而那支箭却深深地射入了石中。这就是"箭立于石"的故事。

　　本来，箭是不可能射入石头中的，然而这时箭却立于石中，因而表示李广弓箭威力之强，李广也因此声名大振。

无一败绩的卫青

卫青（？—前106年），字仲卿。生于西汉时河东平阳，即今山西省临汾市。西汉武帝时的大司马、大将军。封长平侯，谥号"烈侯"。他袭龙城，收河朔，取得漠北大捷，与外甥霍去病并称"帝国双璧"。卫青善于以战养战，用兵敢于深入，奇正兼擅。为将号令严明，与士卒同甘苦。威信很高，位极人臣，但从不养士。

卫青开启了汉朝对匈奴战争的反败为胜的新篇章，七战七捷，无一败绩，为历代兵家所敬仰，被人们世代所称颂。

■西汉杰出军事将领卫青画像

卫青从小与母亲在贵族人家做奴隶，获救后任侍中、建章监和太中大夫。公元前129年，他被封为车骑将军，开始了10年的戎马生涯。

公元前128年，匈奴骑兵大举南下。汉武帝派匈奴人敬畏的"飞将军"李广镇守右北平，匈奴兵则避开李广，而从雁门关入塞，进攻汉朝北部边郡。于是，汉武帝又组织了一次塞前近距离出击，共分4个方向，由卫青等4将统帅，各1万骑。

■ 骑兵雕塑

在这次近距离出击中，卫青本人身先士卒，将士们更是奋勇争先，他们袭击了匈奴的圣地龙城，歼敌700余人。而其余3将，或无所得，或损失过半，老将李广也战败被俘，途中抢马驰回本军。这一仗，充分显示了卫青的将才，受封关内侯。

公元前127年，匈奴贵族集结大量兵力，进攻上谷、渔阳。武帝决定发动河南战役，并由卫青统一指挥。这是西汉对匈奴的第一次大战役。

这次远距离的敌侧进军，随时有受到匈奴右贤王侧击的可能，所经大部分是从未到过的沙漠、草原，要从一侧压迫河南匈奴军于河套而歼灭之，更需行动迅速，组织周详。

所以，卫青对如何封锁消息，秘密行动，捕捉匈奴暗哨巡骑，寻找可靠的向导，了解水草位置，以及

韩安国 西汉时期影响较大的著名政治家之一。自幼博览群书，成为远近闻名的辩士与学问家。汉武帝时，进入汉王朝中央政权的核心圈子。他根据国家现状，提倡与匈奴和亲，使汉王朝北方多年无战事。

■ 卫青拜将蜡像

解决大军粮草供给等，都计划得很周到。

了解情况之后，卫青率领4万大军从云中出发，采用迂回侧击的战术，西进绕到匈奴军的后方，迅速攻占高阙，切断了驻守河南地的匈奴白羊王、楼烦王同单于王庭的联系。

然后，卫青又率精骑，飞兵南下，进到陇西，形成了对白羊王、楼烦王的包围。匈奴白羊王、楼烦王见势不好，仓皇率兵逃走。

汉军活捉敌兵数千人，夺取牲畜100多万头，完全控制了河套地区。

因为这一带水草肥美，形势险要，汉武帝在此修筑朔方城，设置朔方郡、五原郡，从内地迁徙10万人到那里定居，还修复了秦时蒙恬所筑的边塞和沿河的防御工事。这样，不但解除了匈奴骑兵对长安的直接威胁，也建立起了进一步反击匈奴的前方基地。卫青立有大功，被封为长平侯。

右贤王 匈奴设置的官职名。古时以右为尊，所以右贤王的地位仅次于单于，在右部诸王侯中地位最高。右贤王一般是单于的候补人选，因此常常由单于的儿子担任。时期不同，人也就不同，也就是有很多人当过右贤王。

匈奴贵族不甘心在河南地的失败，一心想把失去的地方重新夺回去，所以在几年内多次出兵，但都被汉军打了回去。

公元前124年春，汉武帝命卫青率3万骑兵从高阙出发；苏建、李沮、公孙贺、李蔡都受卫青的节制，率兵从朔方出发；李息、张次公率兵由右北平出发。这次总兵力有10多万人。

匈奴右贤王认为汉军离得很远，一时不可能来到，就放松了警惕。卫青率大军急行军三四百千米，趁着黑夜包围了右贤王的营帐。

这时，右贤王正在帐中拥着美妾，畅饮美酒，已有八九分醉意了。忽听帐外杀声震天，火光遍野，右贤王惊慌失措，忙把美妾抱上马，带了几百名壮骑，突出重围，向北逃去。

汉军大获全胜，高奏凯歌，收兵回朝。汉武帝接到战报，喜出望外，派特使捧着印信，到军中拜卫青为大将军，所有将领归他指挥。汉武帝随后又封赏了随从卫青作战的其他将领。

公元前119年，汉武帝决心在漠北与匈奴主力决战。命卫青率4将军共5万余骑出定襄与左贤王所部决战，又命霍去病率5万精骑，出代郡求单于主力决战，另有步兵数十万掩护辎重在后跟进。这次关键性

■古代战争塑像

的漠北决战，卫青把沉着谨慎与大胆猛进和谐地结合起来，表现了很高的指挥艺术。

卫青大军一出沙漠，就遇单于主力严阵以待。卫青沉着应战，首先环车为营，自立于不败之地。

假如匈奴发起冲击，则汉军可依托武刚车阵，发挥强弩的威力，先以防御作战消耗敌人，然后后发制人发动攻击，这就大大削弱了匈奴以逸待劳的有利条件，夺得了战场的主动权，正合乎孙子所说的："先为不可胜，以待敌之可胜。"

当大风骤起之时，对双方造成的困难完全相同。取胜的因素主要看双方指挥官的智勇和军队的素质。卫青抢占先机，立即纵大军合围单于主力，充分显示了卫青的胆略。

匈奴主力陷入包围，也不知汉军有多少，战斗意志已完全瓦解。汉军训练有素，赏罚严明，纵然在两军互不相见的情况下，卫青的号令仍能层层下达，坚决执行。

匈奴军则素来善作鸟兽散，此时各级组织已失去指挥，各人自顾逃命，单于本人一走，胜败之局就定了。

公元前106年，卫青病故。汉武帝命人在自己的茂陵东边特地为卫青修建了一座像小山一样高的坟墓，以象征卫青一生的赫赫战功。

克敌远征的霍去病

霍去病（前140年—前117年），名将卫青的外甥。生于西汉时河东郡平阳县，即今山西省临汾西南。汉武帝时期大司马，骠骑将军。谥号"景桓侯"。

霍去病善骑射，用兵灵活，注重方略，不拘古法，勇猛果断，善于长途奔袭、闪电战和大迂回、大穿插作战。

他多次率军与匈奴交战，在他的带领下，匈奴被汉军杀得节节败退，霍去病也留下了"封狼居胥"的佳话。

■霍去病画像

季父 最小的叔叔称"季父"。古代兄弟排行称谓，古代以伯、仲、叔、季来表示兄弟间的排行顺序，伯为老大，仲为老二，叔为老三，季排行最小。

霍去病自幼精于骑射，虽然年少，却渴望像舅舅卫青那样杀敌立功。在卫青领军对蒙古大沙漠以南的右贤王部和单于主力展开作战时，比卫青小18岁的霍去病跟随卫青出征。汉武帝特地任命霍去病为骠骑校尉，率800骑兵。

在战斗期间，霍去病脱离大军在茫茫大漠里奔驰数百千米奇袭匈奴，打击匈奴的软肋，斩敌2000多人，杀死同匈奴单于祖父一个辈分的若侯产和季父，俘虏单于的国相及叔叔。

霍去病的首战，以夺目的战果，横空出世。为表彰霍去病的功绩，汉武帝将他封为"冠军侯"，赞叹他功冠诸军，并割两处封地给霍去病。

公元前121年春，霍去病被任命为骠骑将军，独自率领1万精兵出征匈奴。这就是河西大战。19岁的统帅霍去病不负众望，在千里大漠中闪电奔袭，打了一场漂亮的大迂回战。

6天中他转战匈奴5个部落，一路猛进，并在皋兰山与匈奴卢侯王、折兰王打了一场硬碰硬的生死战。

在此战中，霍去病惨胜，1万精兵仅余3000人。而匈奴更是损失惨重，卢侯王和折兰王都战死，浑邪王

■ 霍去病雕塑

■ 霍去病甘泉宫献
俘蜡像

子及相国、都尉被俘虏，被斩近9000人。匈奴休屠王用来祭天的金人也成了霍去病的战利品。

同年夏天，汉武帝决定乘胜追击，展开收复河西之战。此战，霍去病和公孙敖出征北地；博望侯张骞和郎中令李广出征右北平，合击匈奴。

在合击过程中，李广所部被匈奴左贤王包围，配合作战的公孙敖在大漠中迷了路，没有起到应有的助攻作用。霍去病遂再次孤军深入，并再次大胜。

就在祁连山，霍去病所部斩敌3万万余人，俘虏匈奴王爷5人以及匈奴大小阏氏、匈奴王子59人、相国将军当户都尉共计63人。

经此一役，匈奴不得不退到燕支山北，汉王朝收复了河西平原。从此，汉军军威大振，而19岁的霍去病更成了令匈奴人闻风丧胆的战神。

真正使霍去病犹如天神的事情是"河西受降"，

燕支山 坐落在河西走廊峰腰地带的甘凉交界处。春秋战国和秦汉时期，古老的游牧民族氏、羌、月氏、匈奴等曾先后在这里繁衍生息。据传，那时匈奴诸藩王的妻妾多从这一带的美女中挑选，匈奴语称各藩王之妻叫"阏氏"，"焉支"或"胭脂"，是其汉译的谐音，燕支山因此而得名。

■ 霍去病墓

将帅传奇

将帅风云与文韬武略

发生的时间在秋天。

两场河西大战后，匈奴单于想狠狠地处理一再败阵的浑邪王，消息走漏后浑邪王和休屠王便想要投降汉朝。汉武帝不知匈奴二王投降的真假，遂派霍去病前往黄河边受降。当霍去病率部渡过黄河的时候，果然匈奴降部中发生了哗变。

面对这样的情形，霍去病竟然只带着数名亲兵冲进了匈奴营中，直面浑邪王，下令他诛杀哗变士卒。霍去病的气势不但镇住了浑邪王，同时也镇住了4万多名匈奴人，他们最终没有将哗变继续扩大。

汉王朝的版图上，从此多了武威、张掖、酒泉、敦煌4个郡。河西走廊正式并入汉王朝。

这是我国历史上第一次面对外虏的受降，不但使饱受匈奴侵扰之苦百年的汉朝人扬眉吐气，更从此使汉朝人有了身为强者的信心。

公元前119年，为了彻底消灭匈奴主力，汉武帝发起了规模空前的"漠北大战"。漠北大战时，原定由对外征战的霍去病打匈奴单于，敢深入力战的兵士皆归骠骑将军。

结果由于情报错误，这个对局变成了卫青的，霍

河西走廊 河西地区系指今甘肃省的武威、张掖、酒泉等地，因位于黄河以西，自古称河西，又因其夹在祁连山，也称南山与合黎山之间的狭长地带，也称河西走廊，是中原地区通往西域的咽喉要道。

去病没能遇上他最渴望的对手，而是对上了左贤王部。然而，这场大战仍可以算霍去病的巅峰之作。

在深入漠北寻找匈奴主力的过程中，霍去病率部奔袭1000多千米，以1.5的损失数量，歼敌7万多人，俘虏匈奴王爷3人，将军相国当户都尉83人。

霍去病一路追杀，来到蒙古肯特山一带。就在这里，霍去病暂作停顿，率大军进行了祭天地的典礼。祭天封礼在狼居胥山举行，禅礼祭地在姑衍山举行。

封狼居胥之后，霍去病继续率军深入追击匈奴，一直打到瀚海，即今俄罗斯贝加尔湖，方才回兵。

从长安出发，一直奔袭至贝加尔湖，在一个几乎完全陌生的环境里沿路大胜，这是怎样的成就！经此一役，匈奴远遁。霍去病和他的"封狼居胥"，从此成为我国历代兵家人生的最高追求。而这一年的霍去病年仅22岁。

公元前117年，24岁的骠骑将军霍去病因病去世了。汉武帝谥封霍去病为"景桓侯"，以彰显其克敌服远、英勇作战、扩充疆土之意。

阅读链接

霍去病是平阳公主府的女奴卫少儿与平阳县小吏霍仲孺的儿子。大约在霍去病周岁的时候，他的姨妈卫子夫进入了汉武帝的后宫，后来被封为夫人。

这一变化，不仅改变了霍去病的命运，被改变的还有多年来汉王朝和匈奴之间态势。霍去病在历次出击匈奴的战斗中所表现的军事天才，使汉武帝刮目相看。

霍去病死后，汉武帝非常悲伤，他调来铁甲军，列成阵势，沿长安一直排到茂陵东的霍去病墓。他还下令将霍去病的坟墓修成祁连山的模样，彰显他力克匈奴的奇功。

五虎上将之首关羽

关羽（？—220年），字云长，本字长生，今山西运城人。三国蜀汉大将。

东汉末亡命涿都，跟从刘备起兵。200年，刘备为曹操所败，他被俘后，极受优礼，封汉寿亭侯。后仍归刘备。214年，镇守荆州。219年，围攻曹操部将曹仁于樊城，又大破于禁所领七军，因后备空虚，不久孙权袭取荆州，他兵败被杀。

宋代以后，他的事迹被神化，并尊为"关公""关帝"。

■ 三国名将关羽雕像

关羽因战乱逃亡到刘备家乡，因武艺高强，刘备留他做了护卫。刘备任平原国国相后，任关羽、张飞为别部司马，分管所辖军队。刘备与关、张二人连睡觉都同一张床，亲如同胞兄弟。

■ 桃园三结义图

汉献帝建安五年，即200年，曹操东征徐州，刘备投奔袁绍。曹操招降关羽后返回，任关羽为偏将军，并赏赐财物给他。袁绍派大将颜良在白马进攻东郡太守刘延，曹操派遣张辽和关羽为先锋进攻颜良。

关羽远远望见颜良的帅旗车盖，策马上前，斩杀一阵子杀出了一条血路，来到颜良马前手起刀落，斩了颜良，袁绍军中的将领们没人敢出阵阻挡，于是解除白马之围。曹操当即上奏朝廷封关羽为汉寿亭侯。起初，曹操钦佩关羽的勇猛，后来发现关羽没有久留曹营之意，于是待关羽斩杀颜良后，曹操对其赏赐更为厚重。关羽将曹操赏赐的钱物全部封裹好，留下书信告辞曹操而去，赶往袁绍军营投奔刘备。

刘备（161年—223年），字玄德。涿郡涿县，即今河北省涿州人，汉中山靖王刘胜的后代，三国时期蜀汉开国皇帝，即蜀汉昭烈帝。他以仁德为世人称赞，是三国时期著名的政治家。223年病逝于白帝城。史家称他为"先主"。后世有众多文艺作品以其为主角，在成都武侯祠有昭烈庙为纪念。

■ 赤壁之战

夏侯渊 东汉末年名将。字妙才，夏侯惇族弟，今安徽亳州人，擅长千里奔袭。初期随曹操征伐，官渡之战为曹操督运粮草，又督诸将先后平定昌豨、徐和、雷绪、商曜等叛乱。张鲁降曹操后夏侯渊留守汉中，于定军山被刘备部将黄忠所袭，战死。

后来曹操在赤壁之战中，被孙刘联军打得大败，人马损失很多，曹操在部将的拼死保护下，才逃出来，一路上又遇到伏兵袭击和追兵冲杀，曹操已是胆战心惊了。这时关羽率领的伏兵，拦住了曹操的去路，曹操看自己的部下已是人困马乏，向关羽求情，关羽念及他以前对自己恩情，就放了他，宁愿自己回去受军法处置。

荆州安定后，刘备就专心对付曹操，诸葛亮设计东西两路进攻曹操。西路由刘备亲自率领大军向汉中进军，曹操听到刘备出兵，马上组织兵力，亲自率兵和刘备对抗。双方对峙了一年。

第二年，在阳平关一次战役中，蜀军大胜，魏军的主将夏侯渊被杀。曹操只得退出汉中，把魏军撤退到长安。

这一次西面的汉中打了胜仗，就想乘这个势头，再从东面的荆州直接攻打中原。

镇守荆州的是大将关羽。关羽有勇有谋，刘备称帝后，准备进攻中原，命令关羽进攻。关羽派两个部将留守江陵和公安，自己亲自率领大军进攻樊城。

樊城的魏军守将曹仁向曹操紧急求救。曹操派了于禁、庞德两员大将率领七支人马前去增援。曹仁让他们屯兵在樊城北面平地上和城中互相呼应，使关羽没法攻城。

正在双方相持不下的时候，樊城一带下了一场大雨。大水猛涨，平地的水高出地面有一丈多。于禁的军营扎在平地上，关羽在营中观察到这一现象，心生一计。借水势掘开附近河流的护堤，四面八方大水冲来，顿时把七军的军营全淹没了。于禁和他的将士只得找个高地避水。

关羽又趁着大水，安排好一批大小船只，率领水军向曹军进攻。他们先把主将于禁围住，叫他放下武器投降。于禁被围在汉水中的小土堆上，逼得无路可退，就垂头丧气地投降了。

关羽力战二敌图

关羽擒将图

庞德带了另一批士兵避水到一个河堤上。关羽的水军向他们围攻，船上的弓箭手一起向堤上射箭。

庞德手下有个部将害怕了，对庞德说："我们还是投降了吧！"

庞德骂那部将没志气，拔剑把他砍死在堤上。士兵们看到庞德这样坚决，也都跟着他抵抗。庞德不慌不忙拿起弓箭回射，他的箭法很好，蜀军被射死不少。这时候，大水越涨越高，堤上露出的地面越来越小。关羽水军的大船进攻更加猛烈。曹军的士兵纷纷投降。庞德趁着这乱哄哄的时候，带了3个将士，从蜀军士兵中抢了一只小船，想逃到樊城去。不料一个浪头袭来，把小船掀翻了。庞德掉在水里，被关羽的水师活捉了。

将士们把庞德带回关羽大营。关羽好言劝他投降，并说他原来的主将马超已经是刘备的手下。庞德骂着说："我宁可做国家的鬼，也不愿做你们的将军！"关羽大怒，一挥手，命令武士把庞德给杀了。

关羽消灭了于禁、庞德的七军。乘胜进攻樊城。樊城里里外外都是水，城墙也被洪水冲坏了好几处。曹仁手下的将士都害怕了。

关羽水淹七军，声名大振，这时候，陆浑百姓孙狼发动起义，杀了县里的官员，响应关羽。许都以南其他响应的人也不少。

面对如此形势，曹操建议迁离许都以避开关羽的威胁，司马懿、蒋济则认为关羽一路夺关斩将，孙权是不会高兴的，应该派人前去结好孙权，让他派兵从后面袭击关羽，并答应事成之后割让东南诸郡封给孙权，这样樊城之围便可解。曹操采纳了这一意见。起先，孙权曾想和关羽结为亲家，关羽辱骂来使，拒绝结亲，孙权十分恼恨。

另外，南郡太守麋芳驻守江陵，将军士仁驻扎公安，两人一向怨恨关羽看不起他们。当关羽外出打仗，由麋芳、士仁两处负责供应粮草，两人不愿出力救援关羽。关羽说："回去后就杀他们。"

麋、士二人都恐惧不安。于是孙权暗中派人诱降麋、士二人，二人即开城投降孙权。而曹操又派来徐晃率军救援曹仁，关羽攻不下樊城，只好领兵退还。这时孙权已占据江陵，将关羽及其将士的妻儿老小全部俘获，关羽军队于是军心涣散各自逃散。孙权派部将堵击关羽，在临沮斩杀了关羽及其子关平。

关羽死后，被追谥为"壮缪侯"。关羽不但武艺高强而且很讲义气，忠于一主，被历代统治者所推崇，后人尊他为"武圣"。

阅读链接

据说，关羽在战乱中，曾被流箭射中，后来伤口虽然愈合，但一遇阴雨天气，臂骨便常疼痛。

医生说："箭头有毒，其毒已渗入骨中，需要在臂上重新开刀，刮去臂骨上的毒素，才能彻底根治。"关羽当即伸出手臂让医生为他开刀治病。

当时关羽正请众将饮酒进餐，臂上刀口鲜血淋漓，流满了接在下面的盆子，而关羽却在吃肉喝酒，与大家谈笑风生。

三国第一勇将吕布

吕布（？—199年），字奉先。生于东汉时的五原郡，即今内蒙古包头市九原区麻池镇西北。东汉末年名将，奋武将军。爵位温侯。

他先后为丁原、董卓的部将，也曾为袁术效力，曾被封为徐州牧，后自成一方势力。

他诛杀董卓，大破张燕，辕门射戟，是汉末群雄之一。吕布向来是以"三国第一猛将"的形象存在于人们的心目之中，但又认为他勇而少谋。

■ 三国第一猛将吕布绣像

吕布从小随母习文作画，聪慧好学，一点就通，过目不忘。他生性好斗，力大过人，喜舞枪弄棒，身高体重超出常人。他青少年时代的许多事情常常被世人提及，五原地区家喻户晓，人人皆知，并引以为自豪。

176年，鲜卑部落军事联盟四处武力扩张，对东汉进行掠夺战争。吕布因其勇武在并州任职，并州刺史丁原担任骑都尉，在河内驻扎，任命吕布为主簿，对他很亲近。

汉灵帝死后，丁原接到何进的征召，率领军队到洛阳，密谋诛杀宦官，被任命为执金吾。吕布擅长骑射，膂力过人，被称为"飞将"。适逢何进为宦官所杀，董卓入京，诱吕布杀丁原，进而吞并丁原的军队，并任命吕布为骑都尉，同他发誓结为父子，对他十分欣赏信任。不久再任他为中郎将，封都亭侯。

关东军起兵讨董卓时，吕布因与董卓的爱妾有染，恐怕事情被董卓发觉，所以心中十分不安。当时，王允等密谋暗杀董卓，于是拉拢吕布，吕布答应，成功刺杀董卓，任职奋武将军，进封温侯，与王允同掌朝政。

董卓死后两个月，其旧部属李傕和郭汜攻入京城。吕布战败，于是仓皇出逃。

■ 汉灵帝（156年—189年），即刘宏，字大，东汉第十一位皇帝。谥号"孝灵皇帝"，葬于文陵。汉灵帝与其前任汉桓帝的统治时期，是东汉最黑暗的时期，在诸葛亮的《出师表》中就记载有蜀汉开国皇帝刘备每次"叹息痛恨于桓灵"的陈述。

小沛 汉朝时，徐州沛县别称。沛县古称沛泽、古沛，明太祖时称"皇沛"，春秋时属宋，楚灭宋的沛地，置县，始称沛县。是我国最古老的县份之一。沛县是汉高祖刘邦故里，有"千古龙飞地，帝王将相乡"之称。

吕布先投靠袁术，但因袁术不满他自恃有功而被拒绝，于是吕布改投袁绍。在袁绍处，吕布与他联手大破黑山军，但吕布又恃着功劳，向袁绍请兵，袁绍不应许，吕布的将士又多暴横，所以吕布又被袁绍赶走。之后吕布投靠了张杨。

194年，曹操带兵讨伐陶谦时，张邈与陈宫叛曹迎吕布为兖州牧。当时曹操东征徐州陶谦，听到消息后立即回师，与吕布数次征战，最终，吕布不敌，东投刘备，刘备让他屯兵小沛。

后刘备与袁术相争，吕布乘机夺取了徐州，自称徐州牧。刘备只好投于吕布，吕布反让他屯兵小沛。吕布自称为徐州牧。

196年，袁术派大将纪灵带领步骑共3万多人马征讨刘备，刘备向吕布求援。吕布在离小沛西南1千米的地方扎下营寨，派卫士去请纪灵等将领。

■ 群臣谋划图

■ 三国战争图

吕布对纪灵等人说，他生性不爱看别人争斗，只喜欢替别人解除纷争。他命门候在营门中竖起一支戟，说："诸位看我射戟上的小支，如一发射中，诸君当立即停止进攻，离开这里；如射不中，那你们就留下与刘备决一死战。"

吕布引弓向戟射出一箭，正好中了小支。诸将大为震惊，夸赞说："将军您真是有天神般的威力呀！"这就是辕门射戟的由来。

第二天，吕布又与诸将宴饮，然后各自回兵。

袁术想联合吕布，让他为自己所用，于是向吕布提出让他的儿子娶吕布之女为妻，吕布同意了。正巧曹操的使者来到，传天子令，任命吕布为左将军。

吕布大喜，于是派使者带着书信，向天子谢恩。

袁术听说吕布回绝了婚事，便派手下大将张勋、桥蕤等人同韩暹、杨奉合兵，率几万步兵骑兵，分七路进攻吕布。

辕门射戟 吕布为了阻止袁术击灭刘备所使的计谋。后来罗贯中将这个典故改编为脍炙人口的"吕奉先射戟辕门"，也就是《三国演义》第十六回，是三国名将吕布以他精湛的箭法平息了一场战争。

中古时期

将帅风云

当时吕布只有3000兵力，400匹马，担心抵挡不住，只有用计策。他写信给韩暹、杨奉说："二位将军有救驾之功，而我亲手杀掉董卓，一道建立功名，将会留名青史。现在袁术反叛，应当一同讨伐他。你们为什么与反贼来这儿攻打我呢？可趁着现在联手打败袁术，为国家除害，为天下建立功业，这个机会不可失去。"又答应打败袁术军队之后，将军中钱粮全部给他们。

韩暹、杨奉大为高兴，就一同在下邳攻打张勋等人，活捉了桥蕤，其余人马溃散逃走，许多人被杀死杀伤，掉在水中淹死，差不多全军覆没。吕布率军追击袁术至江淮，在岸北大笑而还。

刘备此时在小沛招纳旧部，重新纠集了万余人。吕布见刘备势大，担心威胁到自己，再加上他原来就不喜欢刘备，就出兵攻打刘备。刘备大败，前往许都依附曹操。这让吕布更加愤恨。

其后不久，曹操攻打吕布的根据地下邳。因吕布有勇无谋而多猜忌，诸将又各自猜疑，所以每战多败。曹操围攻3个月，决水围城，吕布军中上下离心，其部下多有反叛。

吕布在白门楼见曹军攻急，大势已去，于是令左右将他的首级交

吕布征战图

三英战吕布

给曹操，左右不忍，他便下城投降。

吕布被捆到曹操面前，他要求松绑。曹操笑说："捆绑老虎不得不紧。"

吕布又说："曹公得到我，由我率领骑兵，曹公率领步兵，可以统一天下了。"

曹操颇为心动，但刘备在一旁说："您看见吕布是如何对待丁原和董卓的吗？"

曹操被刘备这么一说，立时痛下杀心。吕布在死前大骂刘备是大耳贼，绝不可信。他说完这话，就被曹操缢杀了。

阅读链接

有关吕布传奇性的出生，在五原县有很多流传。

吕布的母亲黄氏一天到寺庙拜佛求子，归来当晚，梦见猛虎扑身，身感有孕。怀孕12个月未见生产，后来移至染织作坊，突然西北上空彩虹映现，光彩夺目，此景奇异。随之五原山地崩裂，地动山摇。

黄氏身感不适，腹中疼痛难忍，寸步难行，随卧于布匹之上，不久产生一男婴。男婴出世更为奇事，但见脐带自断，双目有神，两拳紧握，站立面前。黄氏惊奇，急擦去污物抱于怀中。因出生布上，故起名"吕布"。

勇猛将帅薛仁贵

薛仁贵（614年—683年），名薛礼，字仁贵。生于唐时山西绛州龙门修村，即今山西省河津市城东的修村。他是唐代著名军事家、政治家，任右威卫大将军，安东都护。封平阳郡公，追左骁卫大将军，幽州都督。

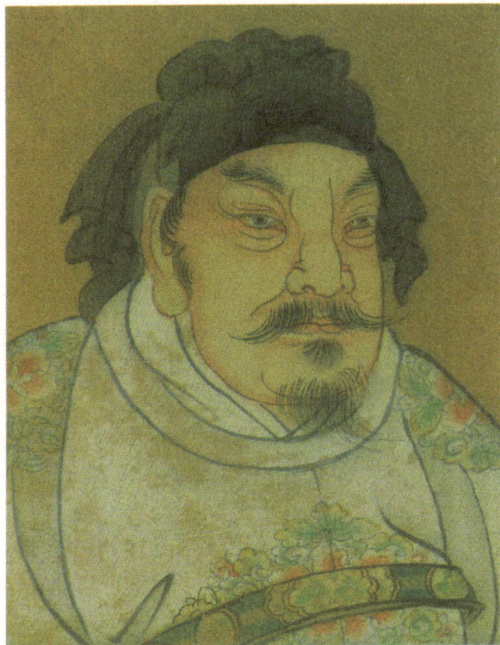

他随唐太宗李世民、唐高宗李治创造了"良策息干戈""三箭定天山""神勇收辽东""仁政高丽国""爱民象州城""脱帽退万敌"等诸方面在军事、政治上的赫赫功勋。薛仁贵的故事广为民间流传，清代无名氏著有通俗小说《薛仁贵征东》。

■ 唐朝名将薛仁贵画像

薛仁贵自幼家贫，但是习文练武，刻苦努力，天生膂力过人。由于生于乱世之中，没有什么发展，只有在家务农。30多岁的时候，他在颇有见识的妻子柳氏的劝告下，应征参军。

刚当小兵不久，薛仁贵就凭借自己的勇猛立功了。

645年，唐太宗李世民于洛阳出发征讨高句丽。在辽东安地战场上，有一次唐朝将领刘君邛被敌军团团围困，无法脱身，无人能救。在此危难时刻，薛仁贵单枪匹马挺身而出，直取高句丽一将领人头，将其头悬挂于马上，敌人观之胆寒，于是退却，刘君邛被救。

于百万军中取上将首级，使薛仁贵名扬军中。回到中原以后，薛仁贵被委以重任，统领宫廷禁卫军，被派驻在玄武门。

做宫廷禁卫军统领虽不是职位特别高的官，但那是守卫皇帝的安全工作，是很重要的职位。薛仁贵农民出身，没有任何家庭背景和人际关系，可以被皇帝这样信任，足可见其忠义与实力，同时也能看出这个职位的意义非凡。

654年闰五月初三夜，天降大雨，山洪暴发。水冲至玄武门，保护皇帝的人大多都已逃命去了。薛仁

■ 唐太宗（599年—649年），李世民，陇西成纪人。唐朝第二位皇帝，在位23年，谥号"文武大圣大广孝皇帝"，尊号"天可汗"，庙号太宗。开创了我国历史上著名的"贞观之治"，使社会出现了国泰民安的局面，将我国传统农业社会推向兴盛。

回纥 是我国古代北方及西北地区的少数民族。唐德宗时改称回鹘。回纥汗国从646年建立，至840年灭亡的近200年里，助唐平定安史之乱、抵御吐蕃对西域的进攻，和唐王朝保持着相当密切的政治、经济和文化往来，促进了唐代的中外文化交流。

■ 古代操作弩机的士兵

贵很愤怒，说："天下哪有见到天子有难就逃跑的禁军！"然后，他冒死登上门框，向皇宫大声呼喊，以救唐高宗。

洪水过后，唐高宗李治感谢薛仁贵的救命之恩，对他说："幸亏爱卿高声呼喊，朕才避免被淹死。别人见死不救，你却临危不惧，现在我才知道这世上有忠臣！"

根据记载，这次山洪附近死了几千人。幸好薛仁贵在。唐高宗非常感谢薛仁贵，以至日后多次提起这事，这件功劳也许大家认为不是什么开疆扩土的大功，但皇帝认为薛仁贵功劳很大，毕竟是救了自己一命。从此，薛仁贵的人生上了一个新台阶。

唐朝将领多数都是人到中年才允许统领军队。守了10多年玄武门的薛仁贵已经44岁了，终于在658年可以统帅军队了。

也就在这一年，唐高宗命程名振征讨高句丽，以薛仁贵为其副将。从此，开始了他那充满传奇色彩的军事指挥官生涯。

在征讨高句丽的战斗中，薛仁贵立下了赫赫战功。在贵端城之战，薛仁贵在开战不久就击败了高句丽军，斩首3000余级。

在横山之战，薛仁贵和梁建方、契必何力等，合力大战高句丽大将温沙门。当时，薛仁贵手持弓箭，一马当先，冲入敌阵，所射者无不应弦倒地。

在石城之战，开始时高丽军杀唐军10余人，无人敢当。薛仁贵见状大怒，单骑突入，直取敌将。那个敌将慑于薛仁贵勇武，还没来不及放箭，就被薛仁贵生擒了。

在黑山之战，薛仁贵与辛文陵攻击契丹军，擒契丹王阿卜固以下将士。此战后，薛仁贵因功拜左武卫将军，封河东县男。

661年，一向与唐友好的回纥首领婆闰死，即位的比粟转而与唐为敌。唐高宗诏郑仁泰为主将，薛仁贵为副将，领兵赴天山击九姓回纥。

临行前，唐高宗特在内殿赐宴，席间唐高宗让薛仁贵试射铠甲。薛仁贵应命，取弓箭望甲射去，只听弓弦响过，箭已穿五甲而过。唐高宗大吃一惊，当即命人取坚甲赏赐薛仁贵。

■ 唐高宗（628年—683年），李治，字为善。唐太宗李世民第九子，其母为长孙皇后，为嫡三子。唐朝第三任皇帝。李治在位34年，葬于乾陵，谥号"天皇大帝"，庙号高宗。在位期间，设立安东、安南、单于都护府，唐朝疆域在其统治时期达到了巅峰。

梁建方 初唐勇将，活跃于唐高祖武德元年，即618年间至唐高宗显庆四年，即659年间。在唐朝统一战争和对外战争中均立下汗马功劳。但史籍记载很少。

莫离支 高句丽后期出现的一种新官职，莫离支是自设的一种取代大对卢的新的最高官职，并非是旧有的任何一种官职，它的职能其实已超出了宰相的性质，而且具备了专制权臣为篡夺王位而自设的临时性特殊官职的特点。

将帅风云与文韬武略

■薛仁贵画像

郑仁泰、薛仁贵率军赴天山后，回纥九姓拥众10余万相拒，并令骁勇骑士数十人前来挑战。薛仁贵临阵发3箭射死3人，其余骑士慑于薛仁贵神威都下马请降。薛仁贵乘势挥军掩杀，九姓回纥大败，所降全部坑杀。

接着，薛仁贵又越过碛北追击残敌，擒其首领兄弟3人。

薛仁贵收兵后，军中传唱说："将军三箭定天山，壮士长歌入汉关。"从此，回纥九姓衰败，不再为边患。

666年，高句丽莫离支渊盖金死，其子于泉男生即位，但为其弟泉男健驱逐，特遣使者向唐求救。唐高宗派庞同善、高品前去慰纳，为泉男健所拒，于是，唐高宗命薛仁贵率军援送庞同善、高品。

行至新城，庞同善为高句丽军袭击。薛仁贵得知后，率军及时赶到，击斩敌首数百级，解救了庞同善。庞同善、高品进至金山，又被高句丽军袭击，薛仁贵闻讯后，率军将高句丽军截为两段奋击，斩首5000余级，并乘胜攻占高句丽南苏、木底、苍岩三城，与泉男生相会。

唐高宗闻之战报，特下诏慰勉薛仁贵。接着，薛仁贵又率军进攻高句丽重镇扶余城。这时，部将都以兵少，劝他

唐代战袍仪卫图

不要轻进。

薛仁贵说："兵在善用而不在多，于是率军出征。"

在扶余城战役中，薛仁贵身先士卒，共杀敌万余人，攻拔扶余城，一时声威大震。扶余川40余城，也纷纷望风降附。

这时，唐朝政府又派李绩为大总管进攻高句丽。薛仁贵也沿海继进，与李绩合兵于平壤城。最后，高句丽降伏。

攻降高句丽以后，唐高宗命薛仁贵与刘仁轨率兵2万人留守平壤，并且授薛仁贵为右威卫大将军，封平阳郡公，兼安东都护。薛仁贵受命以后，便移治平壤新城。

薛仁贵在任安东都护期间，抚爱孤幼，存养老人，惩治盗贼，擢拔贤良，褒扬节义之士，高句丽士

安东都护 都护是官名，为驻守边境地区的最高长官。安东都护府是唐朝6个主要都护府之一，原为唐朝和新罗联军在灭亡高句丽之后，建立的管理高句丽故地的机构。罗唐战争以后，安东都护府从平壤搬到了辽东，成为唐朝管理辽东、高句丽、渤海国等地的一个军政机构。

■ 吐蕃赞普部从图

将帅传奇

将帅风云与文韬武略

吐蕃 7世纪至9世纪时古代藏族建立的政权，是一个位于青藏高原的古代王国，由松赞干布到达磨延续200多年，是西藏历史上创立的第一个政权。"吐蕃"一词，始见于唐朝汉文史籍。蕃，为古代藏族自称。根据较普遍的说法，蕃是由古代藏族信奉的原始宗教"本"音转而来；也有人认为，蕃意为农业，与卓（牧业）相对。

民安居乐业。

就在薛仁贵治理平壤新城期间，吐蕃渐趋强盛，击灭了慕容鲜卑建立的吐谷浑，又侵略唐西域地区。为此，唐高宗调任薛仁贵为逻婆道行军大总管，并以阿史那·道真、郭待封为副将，率军10余万人，征讨吐蕃。

薛仁贵奉命西行，军至大金川，即今青海省共和县西南切吉平原。

在是否进军乌海的问题上，薛仁贵对阿史那·道真说："乌海地势险要，瘴气弥天，是我等远来之军的死地，可谓充满凶险的一条路。但是，假如我们神速进军，就一定能成功，迟疑不决就必然失败。我建议留守一些部队守住大本营。我们现在所处的地势宽阔平坦，可以于险要处设置几个悬笼，笼内装上辎重，留万人把守。我带军日夜兼程，奇军奔袭吐蕃，必可获胜。"

阿史那·道真同意了薛仁贵的建议。他们让副将郭待封带队留守，临行前，薛仁贵又嘱咐郭待封千万不可轻举妄动，只等前线消息，做好接应工作。薛仁贵安排好后，率部前往乌海。到了河口一带，与吐蕃守军数万人遭遇。薛仁贵率军一阵冲杀，将吐蕃守军斩获殆尽。薛仁贵收其牛羊万余头，浩浩荡荡，向西而去，直逼乌海城。与此同时，他派千余骑兵回大本营接运辎重。然而，不想这时郭待封已被吐蕃击败。薛仁贵因无辎重接济，向大本营方向退军。

吐蕃军闻讯，调集40万大军前来进攻，唐军抵敌不住，大败。但吐蕃并不穷逼，以唐军不深入为条件与唐议和，薛仁贵不得已应允，然后率败军东归。

这是薛仁贵仅有的一次败绩。但此战也使吐蕃认识到，唐军远师奔袭的速度快得惊人，因此不敢再于西域地区任意所为。

中古时期

将帅风云

东突厥 突厥汗国被隋朝分裂以后，成为东西突厥两部。东突厥汗国立国于552年，强盛时疆域震括阿尔泰山到大兴安岭之间的整个蒙古高原及附近地区，629年被唐朝所灭。

■ 薛仁贵雕像

681年，东突厥不断侵扰唐北境，已经69岁高龄的薛仁贵带病冒雪率军进击，以安定北边。

在云州，也就是今天的山西省大同一带，薛仁贵和突厥的阿史德元珍作战。

突厥人问唐兵："唐朝的将军是谁？"

唐兵说："薛仁贵。"

突厥人不信，说："我们听说薛仁贵将军已经死了，怎么还能活过来？别骗人了！"

薛仁贵听说后，走上前来脱下头盔，让突厥人看看清楚。

薛仁贵威名太大了，以前曾经打败过九姓突厥，杀过许多人，突厥人提起他都怕，现在看见了活的薛仁贵，立即下马跪拜，把部队撤了回去。

薛仁贵心想，这次来就是为了严惩你们侵扰唐境的，岂能因为受了几拜就退兵！于是，他立即率兵追击。云州之战，薛仁贵又打了一个大胜仗，斩首1万多，俘虏3万多，还缴获了许多牛马。

在此战过后的683年，战功显赫的薛仁贵因病于雁门关去世。云州之战，竟然成了薛仁贵人生最后一场战争。

阅读链接

薛仁贵幼时家贫，到柳员外家做苦力谋生。柳家千金柳银环被薛仁贵的侠义情怀感动，不顾父亲反对，两人逃离柳家在寒窑喜结良缘。

柳银环生下龙凤胎，男叫薛丁山，女叫薛金莲。薛仁贵30岁的时候仍然穷困不得志，他的妻子说："有本事的人，要善于抓住时机。现在当今皇帝御驾亲征辽东，正是需要猛将的时候，你有这一身的本事，何不从军立个功名？"

薛仁贵为大唐平叛保国，柳银环挑起生活重担，含辛茹苦养儿育女。柳银环深明大义，实在令人感佩。

军中战神

从五代十国至元代是我国历史上的近古时期。五代十国时期割据政权短暂，将帅级别的人物常常归属于比较稳定的政权，比如杨业就是其中之一。宋朝名将岳飞，其爱国之心天地可鉴。元代的哲别更是对铁木真的知遇之恩感恩戴德，愿效死力。

近古时期的将帅甘愿应对战争之危、承载军人使命，即便遭人陷害，即便战死疆场，他们为国捐躯的军魂依然长存。

骁勇善战的杨业

将帅风云与文韬武略

杨业画像

　　杨业（约926年—986年），名继业。北宋名将，右领军卫大将军。他刀斩萧多罗，生擒辽将领李重海，使辽军闻之丧胆，看到杨业旌旗就立刻退兵。由于杨业屡立战功，人们称他为"杨无敌"。

　　杨家父子在北宋时为抵抗外族侵略保卫国土，血洒疆场，其事迹在当时即被人传颂，后经评话、戏曲、小说的渲染，逐渐形成脍炙人口的杨家将传说。

杨业就是传说中的杨老令公。他从小爱好骑马射箭，学了一身武艺。杨业原为北汉军官，北汉主刘崇赐其姓刘，名继业。

■ 杨家将军迎敌图

北宋灭北汉后，杨业随其主刘继元降宋，宋太宗命他复姓杨名业。因他熟悉边事，仍任他为代州刺史，授右领军卫大将军，长驻代州抵抗辽兵。

980年3月，辽国驸马萧多罗率军10万侵犯代州北面的雁门关。警报传至代州，杨业手下只有几千骑兵，力量相差太远，大家都很担心。

杨业决定出奇制胜，带领几百骑兵，从小路绕到雁门关北面，在敌人背后进行攻击。

辽军正大摇大摆向南进军，不料一声呐喊，宋军从背后杀了出来。辽军大惊，不知道宋军有多少人马，吓得四散逃奔。这一仗，杨业刀斩萧多罗，生擒了辽将领李重海，使辽军闻之丧胆。

杨业以少胜多，打了一个大胜仗。宋太宗非常高

宋太宗（939年—997年），名赵炅，本名赵匡义，后因避其兄宋太祖讳改名赵光义，即位后改名炅。宋朝的第二个皇帝。他在位共21年，灭掉北汉。庙号太宗，谥号"至仁应道神功圣德文武睿烈大明广孝皇帝"，葬于永熙陵。

辽圣宗耶律隆绪（972年—1031年），小字文殊奴。辽朝在位时间最长的皇帝。庙号圣宗，谥号"文武大孝宣皇帝"。执政时期，使辽朝完成封建化，达到全盛。但圣宗始终没有处理好皇族与后族关系的问题，为辽朝的衰落埋下伏笔。

兴，特地给杨业升了官。从此，"杨无敌"的威望越来越高了。

杨业立了大功以后，一些大官僚非常妒忌。他们恐怕杨业的声望和地位超过自己，就设法排挤陷害他。但宋太宗不听这些坏话。他把这些奏疏封起来，送给杨业，表示对杨业的信任。那些大官僚的陷害，暂时算是搁下来了。

过了几年，辽景宗耶律贤病死，他的儿子辽圣宗耶律隆绪即位。辽圣宗年仅12岁，由他的母亲萧太后执政。宋太宗见辽国政局发生变动，认为机会来了，决计出兵收复辽国占领的燕云十六州。

986年，宋太宗派出曹彬、田重进、潘美率领三路大军北伐，并且派杨业做潘美的副将。三路大军分

■ 杨业发兵幽州救主蜡像

路进攻，旗开得胜。潘美、杨业的一路人马出了雁门关，很快就收复了4个州。

其中曹彬率领的东路军因粮草不济逐渐落后，中路军田重进随后也被打败，宋军败局已定，宋太宗于是命令各路宋军撤退。但潘美率领的西路军却还有另外一个任务，就是掩护4个州的百姓撤退。

潘美、杨业接到命令，就领兵掩护4个州的百姓撤退到狼牙村。那时候，辽军已经占领寰州，来势很猛。杨业建议派兵佯攻，吸引住辽军主力，并且派精兵埋伏在退路的要道，掩护军民撤退。

监军王侁反对杨业的意见，说："我们带了几万精兵，还怕他们？我看我们只管沿着雁门大路，大张旗鼓地行军，也好让敌人见了害怕。"

燕云十六州 又称"幽云十六州""幽蓟十六州"。位于今天北京、天津以及山西、河北北部的16个州。宋朝开国之后，面对辽朝铁骑由燕云16州疾驰而至的威胁，时战时和，因而在燕云16州发生了许多重要的历史事件。

近古时期

军中战神

王侁 字秘权，河南省开封人。历官北宋蔚州刺史，云、应州兵马都监。986年春天，宋太宗北伐，东路主力大败，辽军乘胜攻陷蔚州、襄州等地。其父王朴，曾任后周枢密使，因上筹边之策而名噪一时。

杨业说："现在的情况是敌强我弱，这样干一定会失败。"

王侁带着嘲笑的口吻说："杨将军不是号称无敌吗？现在在敌人面前畏缩不战，是不是另有打算？"

这一句话把杨业激怒了。他说："我并不是怕死，只是看到现在时机不利，怕让兵士们白白丧命。你们一定要打，我可以打头阵。"杨业带领手下人马出发了。

杨业出发时，对潘美说："这次出兵，一定不利。我本想等待时机，为国杀敌立功，如今有人责难我畏敌不前，我愿意先死在敌人手里。"同时，他又说，"你们在陈家谷准备好步兵弓箭，接应我们。否则，军队就回不来了。"

说完，杨业就带领人马，直奔朔州前线。随同前往的，还有他的儿子杨延玉和岳州刺史王贵。

■ 杨家将士大战辽军图

杨家将士与敌大战图

　　杨业出兵没有多远，果然遭到辽军的伏击。杨业虽然英勇，但是辽兵像潮水一样涌上来。杨业拼杀了一阵，抵挡不住，只好一边打一边后退，把辽军引向陈家峪。

　　到了陈家峪，正是太阳下山的时候。杨业退到谷口，只见两边静悄悄，连宋军的影儿都没有。

　　原来杨业走了以后，潘美也曾经把人马带到陈家峪。等了一天，听不到杨业的消息，王侁认为一定是辽兵退了。他怕让杨业抢了头功，催促潘美把伏兵撤去，离开了陈家峪。等到他们听到杨业兵败，又往另外一条小道逃跑了。

　　杨业见约定的地点没人接应，只好带领部下转身跟追上来的辽兵展开搏斗，到了后来，杨业身边只有100多个兵士。他含着泪，高声向兵士说："你们都有自己的父母家小，不要跟我一起死在这里，赶快突围出去，也好让朝廷得知我们的情况。"

　　兵士们没有一个愿意离开杨业。最后，兵士都战死了，杨业的儿

杨延昭塑像

子杨延玉和部将王贵也牺牲了。

杨业身上受了10多处伤，浑身是血，还来回冲杀。此时，辽国名将萧达凛从暗中放出冷箭，射中他的战马，马倒在地下，把他摔了下来。辽兵乘机围了上来，把他俘虏了。

杨业被俘以后，辽将劝他投降。他抬起头叹了口气说："我杨业本来想消灭敌人，报答国家。没想到被奸臣陷害，落得全军覆没。哪还有脸活在世上呢？"他在辽营里，绝食了三天三夜就去世了，享年约59岁。

杨业战死的消息传到东京，朝廷上下都为他哀痛叹息。宋太宗丧失了一名勇将，自然也感到难过，杨业死后，宋太宗削潘美三级，把王侁除名流金州。

杨业死后，他的子孙继承其精忠报国的遗志，坚持抗击辽国。其中杨延昭、杨文广最负盛名。

阅读链接

据史载，杨业有7个儿子，除延玉与父同死之外，其他诸子都曾为国戍边，其中最著名的是六子杨延昭。七子名为：六子杨延昭、七子杨延嗣、五子杨延德、老大杨渊萍、二子杨延顺、三子杨延庆、四子杨延辉。只有六子延昭传有后代，北宋中期名将杨文广即是延昭之孙、宗保之子。

而《杨家将》小说中杨业有8个儿子，即所谓"七狼八虎"。小说虽然有虚构成分，但主题还是为了彰显杨业忠君爱国，血战沙场的精神。

精忠报国的岳飞

岳飞（1103年—1142年），字鹏举。生于北宋相州汤阴县永和乡孝悌里，即今河南省安阳市汤阴县菜园镇程岗村。我国历史上著名的战略家，军事家，民族英雄，抗金名将。谥号"武穆"，宋宁宗时追封为鄂王，改谥号为"忠武"。

岳飞被尊为华夏杰出先烈，其一生中"还我河山"和"精忠报国"的爱国精神一直激励着后人。

■ 民族英雄岳飞雕像

岳家军退敌图

将帅风云与文韬武略

　　岳飞出身农家，少年时性情深沉，不爱说话，但他非常好学，尤其喜欢读《左氏春秋》、孙膑及吴起兵法之类的书籍。在长期的艰苦劳动中，他受到了很好的锻炼。他意志坚强，身体结实，力气很大。十七八岁，他就能拉动300斤的强弓。

　　在那个兵荒马乱的年代，年轻人都愿意抽空练习武艺，以便保家卫国。19岁时，岳飞应募从军。从此，岳飞开始了他那壮丽的军旅生涯。

　　1127年4月，金灭北宋，掳宋徽宗赵佶、宋钦宗赵桓及皇家宗室北归。5月，康王赵构于南京即位，史称南宋，这就是宋高宗。在南宋初期，宋高宗主张收复失地，启用了大批主战将领，其中就有岳飞。岳飞坚决反对议和，主张抗战到底，收复失地。宋高宗并未采纳岳飞的建议，并以越职为由将岳飞罢官。

　　之后岳飞北上，入河北招讨使张所军中。张所很赏识岳飞，很快升岳飞为"从七品武经郎"、任统制。随后，命岳飞入王渊部，北上抗金。岳飞作战有勇有谋，数败金兵，声威大震。

1139年，岳飞听说宋金和议将达成，立即上疏表示反对，申言"金人不可信，和好不可恃"，并直接抨击了相国秦桧出谋划策、用心不良的投降活动，使秦桧心中抱恨。

和议达成后，高宗赵构下令大赦，对文武大臣大加爵赏。可是，诏书下了3次，岳飞都加以拒绝，不受封赐。后高宗对他好言相劝，岳飞方受。

1140年5月，金国撕毁和议，兀术分四路来攻。由于没有防备，宋军节节败退，城池相继失陷。随后高宗命韩世忠、岳飞等出师迎击。很快，在东、西两线均取得对金大胜，失地相继收回。

岳飞挥兵从长江中游挺进，实施锐不可当的反击，他一直准备着的施展收复中原抱负的时机到来

兀术（？—1148年），也叫完颜宗弼，本名斡啜，又称作斡出、晃斡出。女真族。姓完颜。太祖完颜阿骨打第四子。金朝名将，开国功臣。有胆略，善射。一直是金国主战派的代表，并领导了多次南侵，战功赫赫。迫宋称臣。

■ 岳家军凯旋蜡像

将帅传奇

将帅风云与文韬武略

■ 岳家军受封蜡像

临安 宋室南迁，于1138年定行在于杭州，改称临安。所谓行在，名义上并非帝都，但实际上是皇帝、皇宫和朝廷所在并行使首都职能的地方。临安作为行在直至1276年南宋灭亡为止。在此前的1131年，宋高宗在绍兴建立南宋王朝，改元为绍兴元年，把绍兴定为首都。

了。岳家军进入中原后，受到中原人民的热烈欢迎。

1140年7月，岳飞亲率一支轻骑驻守河南郾城，和金兀术1.5万精骑发生激战。岳飞亲率将士，向敌阵突击，用"铁浮图"和"拐子马"战术大破金军，把金兀术打得大败。

岳飞部将杨再兴，单骑闯入敌阵，想活捉金兀术，可惜没有找到，误入小商河，被金兵射到几十处箭伤，豪勇无比。

岳家军将士具有"守死无去"的战斗作风，敌人以排山倒海之力，也不能把岳家军阵容摇动。

郾城大捷后，岳飞乘胜向朱仙镇进军，金兀术集合了10万大军抵挡，又被岳飞打得落花流水。

这次北伐中原，岳飞一口气收复了颍昌、蔡州、陈州、郑州、河南府、汝州等10余座州郡，中原之地基本被岳家军所收复，并且消灭了金军有生力量。金军全军军心动摇，金兀术连夜准备从开封撤逃。

岳飞本来可以乘胜北进，收复更多的失地。但宋高宗担心这样会引起金朝统治者的不满，就连下12道金牌，急令岳飞"措置班师"。在要么班师、要么丧师的不利形势下，岳飞明知这是权臣用事的乱命。但为了保存抗金实力，他不得不忍痛班师。

当时的岳飞壮志难酬，百感交集，他叹惜，"靖康耻，犹未雪；臣子恨，何时灭"，表示愿"驾长车，踏破贺兰山阙。壮志饥餐胡虏肉，笑谈渴饮匈奴血。待从头，收拾旧山河，朝天阙"。

一首气壮山河的《满江红》由此作成。

岳家军班师时，久久渴望王师北定中原的父老兄弟，拦道恸哭。岳飞为了保护老百姓的生命财产，故意扬言明日渡河，吓得金兀术连夜弃城北窜，准备北渡黄河，使岳飞得以从容地组织河南大批人民群众南迁到襄汉一带，才撤离中原。

金兀术知道了岳飞撤军，就又整军回到开封，不费吹灰之力，又占领了中原地区。

对于秦桧的卖国行为，岳飞曾经极力反对过。岳飞一回到临安，就陷入秦桧等人布置的罗网。他遭诬告"谋反"，被关进了临安大理寺。监察御史万俟卨亲自刑审、拷打，逼

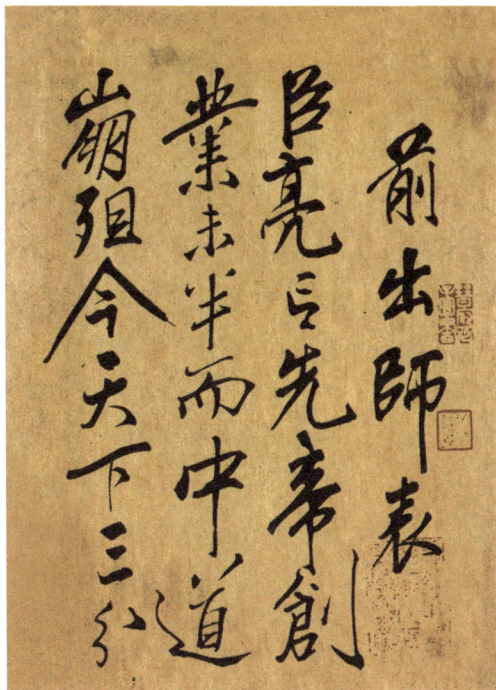

大理寺 掌刑狱案件审理的最高官署。秦汉为廷尉，北齐为大理寺，历代因之，清为大理院。大理寺的机构设置在不同朝代各有差异。宋分左右寺，左寺复审各地方的奏劾和疑狱大罪，右寺审理京师百官的刑狱。其主官称卿，下设少卿、丞及其他员役。

■ 岳飞书法

前出师表 臣亮言先帝创业未半而中道崩殂今天下三分

供岳飞。与此同时，宋金政府之间，正加紧策划第二次和议，双方都视抗战派为眼中钉，金兀术甚至凶相毕露地写信给秦桧："必杀岳飞而后可和。"

在内外两股恶势力夹击下，岳飞正气凛然。从他身上，秦桧一伙找不到任何反叛朝廷的证据。

韩世忠当面质问秦桧，秦桧支吾其词"其事莫须有"。

韩世忠当场驳斥："'莫须有'三字，何以服天下？"

1142年1月27日夜，岳飞在杭州大理寺狱中被杀害，时年39岁。临死前，他在供状上写下"天日昭昭，天日昭昭"8个大字。

岳飞被害后，狱卒隗顺冒着生命危险，将岳飞遗体背出杭州城，埋在钱塘门外九曲丛祠旁。隗顺死前，又将此事告诉自己的儿子，并说："岳帅精忠报国，今后必有给他昭雪冤案的一天！

1162年，宋孝宗即位，准备北伐，便下诏平反岳飞，谥武穆，改葬在西湖栖霞岭，即杭州西湖畔"宋岳鄂王墓"，并立庙祀于湖北武昌，额名忠烈，修宋史列志传记 。岳飞虽然被杀害了，但他的精忠报国的精神和业绩是不可磨灭的！

将帅传奇

将帅风云与文韬武略

阅读链接

1126年金兵大举入侵中原，岳飞因父丧守孝后再次投军。临行前，母亲姚太夫人问他什么打算？

岳飞说："到前线杀敌，精忠报国！"

姚太夫人听了儿子的回答，十分满意，"精忠报国"正是母亲对儿子的希望。她决定把这4个字刺在儿子的背上，让他永远铭记在心。刺完之后，岳母又涂上醋墨。从此，"精忠报国"4个字就永不褪色地留在了岳飞的后背上。

母亲的鼓舞激励着岳飞。岳飞投军后，作战勇敢，多次打败金军，后来成为著名的抗金英雄，受历代人民所敬仰。

蒙古第一猛将哲别

哲别（？—约1224年），又称作者别、只别，原名只儿豁阿歹。他生于蒙古别速部，是蒙古帝国第一猛将。他与速不台、者勒蔑、忽必来并称"蒙古四獒"。

他征伐金国，攻取居庸关，平灭西辽，执斩屈出律，西征欧亚，大破多国联军，在统一蒙古诸部时多建战功，后来有"神箭手"的称号。

■蒙古第一猛将哲别雕像

■ 铁木真画像

乃蛮部 蒙古高原西部势力最强大的游牧部落。在蒙古人兴起以前已建立起国家机构，并拥有精良的军队，经常同克烈部发生战争。乃蛮汗国被推翻后，大部分乃蛮人跟随其王子屈出律西迁至今哈萨克斯坦东部，并与当地的其他突厥语部落融合，后成为哈萨克民族的主要部落之一。

1201年，铁木真与札木合所率十一部联军会战于阔亦田地方，哲别射伤了铁木真的白嘴黄马。在这次战役中，铁木真拼死获胜，泰赤乌部势衰，哲别终于投奔铁木真。

哲别的名字是铁木真给他取的，意思是"箭镞"，要他"就像我跟前的'哲别'似的保护我"。从此，哲别成为铁木真麾下的一员大将。

1202年，铁木真征伐塔塔儿部时先立誓约说："战胜追击时，不取遗物，待事毕散发。"事后族人按弹、火察儿和答力台背约，铁木真派哲别和忽必来两人去夺没他们掠获的全部牲畜和财物，分给军中。后铁木真初建怯薛，此时的哲别已是一名重要成员。

1204年，铁木真进伐乃蛮部，遣忽必来与哲别为前锋。当时，哲别与忽必来、者勒蔑、速不台以"四狗"闻名，被形容为具有"铜的额颅、凿子似的嘴、铁的心、锥子似的舌"的凶猛战将。这一仗，铁木真大胜，擒杀乃蛮部首领太阳汗。

1206年，铁木真建立大蒙古国，被尊为成吉思汗，并编组千户，哲别被委任为千户长。

从1211年起，哲别在征伐全国的战事中屡建奇功。是年冬，哲别采用佯败反击的战术攻入居庸关，游骑进至金中都城外。金的外围部队来援，哲别返袭牧群，驱赶着马队返回驻地。

1212年冬，哲别攻金东京，又施退兵回袭之计，连退五十程，而后留下辎重，挑选快马，日夜急驰，突然袭击成功。

1213年7月，哲别攻取居庸关，成吉思汗遂兵分三路，大举伐金。

1216年，哲别奉成吉思汗之命进击据有西辽国土的乃蛮部的屈出律。针对屈出律强迫伊斯兰教徒改宗的做法，哲别宣布"每个人都可以有自己的信仰，保持自己祖先的宗教规矩"。于是他赢得了当地居民的支持。后来，屈出律出逃，被哲别追赶歼灭。

1219年，成吉思汗发兵西征，哲别为先锋，后以速不台为援，再后以脱忽察儿为援，兵指花剌子模国。哲别与速不台均遵照成吉思汗的命令，行进时先不惊动摩诃末；但脱忽察儿违命掳掠，遂使摩诃末闻风逃逸，其子札兰丁迎战失吉忽秃忽，直逼成吉思汗大营。哲别一行倒杀回来，才使战局改观。

1220年春，成吉思汗兵锋指向撒马耳干，闻知摩诃末南逃，即命哲别、速不台与脱忽察儿率领3万精兵穷追。

哲别挥军渡过阿姆河的主源必阳札卜诃，先进抵巴里黑，即今阿富汗北境的巴尔赫。哲别与速不台

金中都 金朝都城。1122年，金与北宋联兵攻辽，金军陷辽南京析津府，即今北京，按原订协议交归宋朝，宋改名为燕山府。金兵侵占燕山府后改称燕京。1151年4月，金海陵王完颜亮下诏自上京会宁府，即今黑龙江阿城南白城子迁都燕京，削上京之号，并进行京城的扩建与宫室的营造。

■ 蒙古士兵画像

花剌子模 花剌子模有时也被写作"花拉子模"。在塞人的语言里解释为"太阳土地"的意思。是一个位于今日中亚西部地区的古代国家，位于阿姆河下游、咸海南岸，今日乌兹别克斯坦及土库曼斯坦两国的土地上。后被蒙古帝国消灭。

分兵追寻，哲别经过木维因、祃椤答而、阿模里和阿思塔剌巴忒等城，对抵抗者均加杀戮，在剌夷城与速不台会合。

摩诃末逃到阿模里答讷牙州的郊区，与随行大臣们商议，感到厄运难免，只得遁入宽田吉思海，即今里海，在一个小岛上栖身，不久忧病而死。

1222年春，蒙古军与谷儿只军队遭遇，哲别带着5000人埋伏在一个隐秘的地方，速不台带着军队冲上去。最初，蒙古人败退，谷儿只人追了上来。哲别从埋伏处冲出来，将他们包围在中间，一下子歼灭了3万谷儿只人。

在大胜谷儿只军后，哲别和速不台进取打耳班，从此凿石开道，越过太和岭，即今高加索山。

北高加索的阿兰人与黑海、里海北边草原的钦察人联合起来抵抗蒙古人。哲别和速不台派人通知钦察

■ 蒙古大臣蜡像

■ 蒙古骑兵浮雕

人说，我们是同一部落的人，而阿兰人则是我们的异己，我们之间应该互不侵犯。

同时，给钦察人送去许多财物。钦察人信以为真，撤了回去，这样，蒙古人战胜了阿兰人。接着，哲别与速不台又击溃松散下来的钦察人，并且将原已送去的财物夺了回来。

钦察残部向斡罗思，即俄罗斯国逃去乞援。斡罗思伽里奇侯密赤思老会同乞瓦侯小密赤思老等率领一支8万人的大军前来声援。

哲别与速不台又佯作退兵，一连12天，斡罗思与钦察联军进行追击，十分疲惫倦怠。蒙古军队突然转身反击，在阿里吉河畔马里乌波里附近大战获胜，俘杀大小密赤思老。

接着，他们抄掠速答黑城热那亚商人的钱财，而后东向攻打也的里河即今伏尔加河上的不里阿耳国，

阿兰人 古代占据黑海东北部草原的游牧民族。在1世纪罗马的文献中首见记载。他们专门饲养马匹，经常袭击安息帝国和罗马帝国的高加索各行省。约370年，阿兰人被匈奴征服后，只有一部分留在奥尔良和瓦朗斯附近定居，大多数人都迁往非洲。

蒙古骑兵铜像

折向东南降伏乌拉尔地区的康里人，最后经锡尔河北边的草原而与成吉思汗的蒙古大军相会合。

1224年，蒙古军向西越过了第聂伯河，扫荡了"斡罗斯"南部并进入克里米亚半岛。这时传来了大军结束西征东返蒙古老家的消息，于是，哲别和速不台率领大军经钦察草原东归。

在东归途中，哲别因年事已高和长年远征的辛劳病死于军中，没有能够再一次回到大汗的帐前，回到蒙古高原。曾经威震蒙古草原，痛击金国，横扫"花剌子模"，西辽、钦察草原的征服者，成吉思汗的"神箭"陨落了。其卒年没有确切记载。

阅读链接

哲别是个遵守诺言的人。

当年，蒙古各部联合对抗铁木真时，哲别是泰赤乌部一个首领的下属。在会战中，哲别射伤了铁木真坐骑白嘴黄马。后来哲别投奔铁木真，铁木真问射伤自己爱马的人是谁，哲别一口承认，并且表示："对我开恩，我将带来很多这样的马。"

铁木真认为他很坦诚，可以交朋友，于是将哲别收在麾下。哲别奉命进击乃蛮部的屈出律时，曾经掳获很多优良的战马。凯旋时，哲别将掳获的1000匹白嘴黄马献给成吉思汗，实现了当初的诺言。

明清两代是我国历史上的近世时期。在明清时期，我国封建社会的君主集权达到巅峰，阶级矛盾和民族矛盾越加尖锐，发生了连绵不断的大规模的战争，出现了如明代戚继光，清代岳钟琪等一批著名将领和统帅。

明清武臣在军事领域颇有建树，他们不仅以军事行动奏功于封建王朝，同时，对现代人来说，他们的作战思想和作战方式，或许更能体现战争中各种主客观因素的一般规律，以至对后来军事哲学产生深远影响。

叱咤英雄

明朝开国将军徐达

将帅风云与文韬武略

徐达（1332年—1385年），字天德。生于濠州钟离，即今安徽凤阳。明朝开国军事统帅，中书右丞相，征虏大将军。封魏国公，追封中山王。作为一名杰出的将领，徐达不仅具有优异的军事才能，而且具有许多优秀的品德。他严于律己，能与士卒同甘共苦。

他灭周政权，攻克大都，北征沙漠，攻城拔寨，皆为军锋之冠，为开创明王朝基业立下了盖世之功，被誉为明朝"开国第一功臣"，对后世具有很大的影响。

■ 明朝开国第一功臣徐达画像

朱元璋和徐达画像

徐达出生于一个农民家庭，小时曾和朱元璋一起放过牛。元朝末年，徐达目睹政治黑暗，民不聊生，不禁诸多感慨，萌生了救济世人的远大志向。

元末农民战争爆发后，在郭子兴起义军中当小军官的朱元璋回乡招兵，22岁的徐达听到消息后，毅然仗剑从军，投奔到朱元璋部下。从此，徐达开始了他戎马倥偬的军事生涯。

1355年3月，朱元璋接替病逝的郭子兴执掌起义军的领导权，决定渡江夺取集庆。徐达与常遇春率领前锋部队，乘风举帆，冒着敌人雨点般的利箭，强登牛渚矶，使后续部队得以顺利渡过长江，攻占采石和太平。

元朝军队不甘心太平之失，妄图重新夺回太平。元将海牙和阿鲁灰等用巨舟横截采石江面，封锁姑孰口。地主武装头目陈野先及其部将康茂才又从水陆两

朱元璋（1328年—1398年），字国瑞，原名朱重八，后取名兴宗。濠州钟离人。明朝开国皇帝，在位31年，谥号"开天行道肇纪立极大圣至神仁文义武俊德成功高皇帝"，庙号太祖，其统治时期被称为"洪武之治"。

路，分兵进逼太平城下。

徐达以奇兵绕到敌后，在襄阳桥埋伏起来。元兵前锋陈野先率众来攻，被徐达军擒获。海牙见陈野先被俘，不敢恋战，忙从采石撤兵，退守裕溪口，太平终于转危为安。

紧接着，徐达独自率领数千精锐，先往东攻占溧水、溧阳，从集庆南面进行包抄，切断了集庆守敌与南面敌军的联系。徐达会同诸路水陆大军，经过艰苦奋战，终于在第二年的3月攻占了集庆。

朱元璋改集庆路为应天府，着手建设和发展以应天为中心的江南根据地。不久，朱元璋任命徐达为大将，攻打张士诚。徐达率领几位将领，带兵浮江东下。当时，张士诚已据有常州，朱元璋派遣使者与之通好，希望双方能和睦为邻，保国安民。张士诚断然拒绝他的要求，扣留他的使者，并出兵攻夺镇江。

徐达闻之，立刻出兵还击，打败张士诚的水军，

> **应天府** 北宋的应天府是当时北宋的陪都，称南京应天府，即今河南省商丘。明朝的应天府是朱元璋改集庆路命名的，当时是明朝京师。燕王朱棣发动靖难之变夺位后，迁都北京顺天府并正式迁都。

■ 朱元璋带兵打仗

■ 明代士兵蜡像

乘胜进围常州。不久，徐达攻克常州，其他将领也先后攻拔长兴、江阴等地。随后，徐达与邵荣又联兵攻夺宜兴。

至此，太湖以西的地区已尽入朱元璋版图，一条北起江阴沿太湖南到长兴的防线建立起来了，张士诚西犯的门路也就被堵死了。

东部防线建立起来后，徐达又奉命来到西部战场，会同俞通海等出兵迎击陈友谅，并很快粉碎了陈友谅对西线的进攻。

东、西两道防线的巩固，确保了应天的安全，并为朱元璋积粮训兵，出击东南，发展和巩固江南根据地创造了有利的条件。此时，朱元璋兵强粮足，已经可以同其他几支势力相匹敌了。

1360年5月，陈友谅出兵攻占太平，自称皇帝，

张士诚（1321年—1367年），字确卿，乳名九四。他是元末的义军领袖与地方割据势力之一。他出身盐贩，领导了江浙海盐民反对元朝统治的武装起义。在元朝末年抗元起义领袖中，有"陈友谅最桀，张士诚最富"之说，死后葬于吴县斜塘。

将帅传奇

将帅风云与文韬武略

■ 朱元璋、徐达迎击陈友谅蜡像

左相国 古代官名。在明代,明初沿袭元朝制度,设立中书省,置左、右丞相。甲辰正月,初置左、右相国,其中李善长为右相国,徐达为左相国。吴元年,改右相国为左相国,左相国为右相国。

引兵东下,进犯应天,并派人约张士诚出兵,准备东西夹击,共同瓜分朱元璋的地盘。

徐达带领一支精兵埋伏在南门外等陈友谅来到江边的渡口龙湾,即冲杀出来,会同诸路伏兵,内外夹击,一举击溃陈友谅,歼灭了大批敌军,生俘7000余人,还缴获几百艘战船。陈友谅乘船逃跑,徐达紧追不舍,收复了太平,攻占了安庆。张士诚见陈友谅吃了败仗,未敢轻举妄动。

1363年,徐达随朱元璋带兵渡江北上,迎击陈友谅对朱元璋发动的大规模进攻。7月,双方在鄱阳湖展开了一场激战。

第一天接战,徐达身先诸将,指挥将士勇敢拼杀,一举击溃陈友谅的前锋部队,歼敌1500人,缴获巨舰一艘,使军威大振。

陈友谅的军队拼死抵抗,焚烧徐达战船,徐达奋不顾身地扑灭了熊熊大火，继续坚持战斗。后来，朱元璋派船救援，徐达顽强冲杀，终于击退敌军，从险境之中摆脱了出来。

鄱阳湖战役结束后，徐达率军追歼陈友谅的残余势力，占领了湖广的大片地区。

1364年，在战胜陈友谅的凯歌声中，朱元璋在应天称吴王。战功卓绝的徐达被任命为左相国，成为朱元璋政权的最高行政长官。击败陈友谅后，朱元璋的下一个目标是消灭张士诚。徐达受命为前线的总指挥官，又肩负起这个重要任务。

1365年秋，徐达被任命为总兵官。他统率常遇春、胡美、冯胜诸将，带领骑兵、步兵和水军，首先渡江北上，向淮东地区发动进攻，以剪除张士诚的肘翼。经过激战，将张士诚的势力压缩到江南的浙西地区。徐达与常遇春统率20万水军出太湖，直趋湖州，将湖州紧紧围困起来。徐达下令发动强攻，锣鼓齐鸣，万炮齐发，将士高声喊"杀"，像潮水般地冲向各座城门。

经过一场激战，徐达带领士卒首先攻破葑门。常遇春接着也攻入阊门，进至薄平江城下。徐达指挥将士奋勇冲杀，张士诚收集残兵败将两三万人，在街巷里进行抵抗，最后向徐达投降。

总兵官 明朝建立后，从京师至地方，皆立卫所。遇有征伐，则任命将领担任总兵官，调卫所军，由其统率，战事结束后，交回所佩将印，军队各回卫所。故总兵官属于临时差遣，无品级、无定员，由公、侯、伯、都督来充任。

■ 徐达雕像

右丞相 丞相之一。右丞相就是在皇帝右手站立的丞相，也称主相；左丞相就是在皇帝左手站立的丞相，也称副相。基本上右丞相的官职大于左丞相。不过每个朝代各有不同。秦代、汉代和南宋时右相大，北宋时左相大，明初时左相大。

消灭了张士诚的势力，朱元璋占有全国经济最发达的江浙地区，实力进一步壮大。这时候，元朝的统治基础已在各支起义军的打击下趋于瓦解，统治集团内部派系林立，倾轧不已，各地武装势力互抢地盘，混战不休。

朱元璋决定抓紧有利时机，派兵北伐，夺取中原，推翻元朝的黑暗统治。统帅大军北伐的艰巨任务，又落在了徐达的身上。

北伐大军出发之前，朱元璋与徐达等诸将研究拟订了作战计划。1367年10月，徐达与常遇春统率25万大军，从淮安出发，按照既定计划进入山东，攻克沂州，接着，徐达命令韩政分兵扼守黄河，以断山东援兵。又命张兴祖攻取济宁，而自率大军攻拔益都，迭克潍、胶诸州县。

12月，元将朵儿只献出济南城投降，徐达又分兵攻取登州和莱州。此后不久，山东诸地全部平定。

1368年正月，在北伐军迭克山东诸地的捷报声中，朱元璋登上皇帝位，建立明朝，以应天为京师，任命徐达为右丞相。明王朝的建立，激励着明军加速北伐战争的步伐。

1368年2月，徐达指挥

■ 徐达将军像

明军沿黄河西进，攻入河南，迅速攻占永城、归德和许州，汴梁守将左君弼献城归降。

接着，徐达又引兵自虎牢关进至塔儿湾。元将脱因脱木儿带领5万军队迎战，在洛水北岸布阵。徐达指挥全军将士往前冲杀，元兵惨败西逃。明军进据洛阳北门。

徐达决胜漠北图

洛阳守将李克彝逃往陕西，梁王阿鲁温开门迎降。明军乘胜西进，相继攻占陕州、潼关，元将李思齐、张良弼失势西奔。

至此，明朝军队已顺利地完成攻占山东、河南和潼关的任务，打破除了大都的屏障，剪除大部的羽翼，并控制关中元军出援大都必经的门户，从而对元大都形成三面包围之势。

明军的下一步行动，便是攻取大都。徐达与诸将会师东昌，分兵攻取河北，连下卫辉、彰德、广平，攻占了临清。

在临清会合诸将后，徐达命傅友德开辟陆道以通步兵、骑兵，派顾时疏浚运河以通水军，北攻德州、长芦、直沽。据守直沽的元丞相也速从海口逃走，大都震动。

明军沿运河西进，在河西部，大败元军，再进兵通州，乘大雾用伏兵击败元朝守军，歼敌数千人。

元顺帝听到通州失陷，知道大都已无法守住，于是趁深夜带着后妃太子，从建德门出城，经居庸关逃往上都开平。

叱咤英雄

将帅风云与文韬武略

明代将军蜡像

北平府 1368年，废大都，改置北平府，管辖大兴。领7县4州，其中在今北京市境有大兴县、宛平县、良乡县、昌平县、顺义县、密云县、怀柔县、通州及所领之潞县、蓟州所领之平谷县、涿州所领之房山县。1402年改为顺天府。

1368年8月，徐达率领明军到达齐化门外，填平壕沟，进入大都，受到市民的热烈欢迎。

留守大都的元朝宗室淮王和左、右丞相等少数人拒不投降，被徐达处死，其他元朝大臣和将士纷纷归降，受到宽大处理。

徐达下令查封元朝的仓库、图籍、宝物和故宫殿门，派兵看守。所有将士，一律在营房住宿，不许外出骚扰百姓。大都的社会秩序很快安定下来，街市的营业也很快恢复起来了。

捷报传到南京，朱元璋下令把大都改为北平府，由孙兴祖、华云龙驻守，徐达与常遇春带领明军攻取山西、陕西。常遇春为前锋，徐达殿后，由河北越过太行山进入山西南部。山西诸地也很快被平定了。

1369年2月，徐达率领明军渡过黄河，进攻陕西，占领奉元路，改名为西安府。4月，徐达统兵攻克凤翔、临洮，继而在庆阳消灭了张良臣的势力，而且使明军控制了陕甘地区的形势，进一步缩小了元朝势力的活动范围。

陕西平定以后，朱元璋下诏令徐达班师回朝，大加封赏。元将扩廓帖木儿在甘肃听说明军南还，统兵进围兰州。朱元璋再次任命徐达为大将军，而以李文忠取代已经病故的常遇春为副将军，率师征讨。

1370年4月，徐达率领西路明军出定西，扩廓帖木儿自兰州撤围还救，两军相拒于沈儿峪，隔着一条深沟扎营布阵，于是发生了一场数十万人的激战。

徐达整顿队伍，挥师出击，将士个个奋勇争先，大败敌军，擒获元朝的宗室、官吏1865人，俘虏敌军将士8045人，并缴获了1.5万多匹战马和大批牲口。扩廓帖木儿的精兵悍将丧失殆尽，仅与几个妻子夺路而逃。

当时元顺帝已死，元朝的残余势力更加衰弱，已不能再对明朝发动大规模的进攻。定西大捷后，为了防御元朝残余势力的骚扰，朱元璋又派徐达镇守北平。

徐达殚精竭虑，镇守北平。他统率部将修缮城防，操练军马，设备屯田，严为守备，使元朝的残余势力不敢轻易南下骚扰，对稳定北方的形势起了重大的作用，被朱元璋誉为"万里长城"。

1385年2月，徐达在南京病逝。朱元璋追封他为中山王，赐葬于南京钟山之北，并把他的塑像摆放在功臣庙里，以表彰他为明朝所建立的卓越功勋。

阅读链接

有一天，朱元璋召见徐达下棋，而且要求徐达拿出真本领来对弈，徐达只得硬着头皮与皇帝下棋。

这盘棋从早晨一直下到中午都未分出胜负，正当朱元璋连吃徐达两子自鸣得意时，徐达却不再落子。

朱元璋得意地问道："将军为何迟疑不前？"

徐达则"扑通"一声跪倒在地，答道："请皇上细看全局。"

朱元璋仔细一看，才发现棋盘上的棋子已经被徐达摆成了"万岁"两字。朱元璋一高兴便把下棋的楼连同莫愁湖花园一起赐给了徐达，那座楼便是后来的"胜棋楼"。

民族英雄戚继光

戚继光（1528年—1588年），字元敬，号南塘，晚号孟诸。山东登州人，祖籍安徽定远。他是明代的著名抗倭将领和著名军事家。谥号"武毅"。

他率军之日于浙、闽、粤沿海诸地抗击来犯倭寇，历10余年，大小80余战，终于扫平倭寇之患，被誉为民族英雄。世人称其带领的军队为"戚家军"，一直为人们所传颂。

■ 民族英雄戚继光雕像

戚继光自幼喜读兵书，勤奋习武，立志效国。21岁考中武举，次年进京会试，正逢蒙古俺答汗兵围北京城，戚继光临时守卫京城九门，并两次上疏陈述守御方略。25岁，被提升为都指挥佥事，管理登州、文登、即墨三营25个卫所，防御山东沿海的倭寇。

1555年，戚继光被调任浙江都司佥书，次年升任参将，镇守宁波、绍兴、台州三府。此后，戚继光多次与倭寇作战，先后取得龙山、岑港、桃渚之战的胜利。实战过程中，戚继光认识到明军缺乏训练，作战不力，多次向上司提出练兵建议，最后得到批准。

1556年9月，倭寇800多人打至龙山所。山所在定海县境内，北面濒临大海，是倭船往来必经之道。戚继光这时新任参将不久，听到消息立刻率军前往。

倭寇分成三路猛冲过来，明军纷纷溃退。戚继光见形势危急，连忙跳到一块高石上，一连3箭将3个倭酋射倒，倭寇这才退去。10月，倭寇又在龙山所登陆，戚继光与俞大猷等率军抗击，三战三捷，倭寇乘夜撤退。

抗倭之战，戚继光初露锋芒，同时认识到明军缺乏训练、临阵畏缩，有必要寻求解决办法。

■ 戚继光画像

倭寇 一般指13世纪至16世纪期间，以日本为基地，活跃于朝鲜半岛及我国大陆沿岸的海上入侵者。曾经被归于海盗之类，但实际上其抢掠对象并不是船只，而是陆上城市。在倭寇最强盛之时，他们的活动范围曾远至东亚各地、甚至是内陆地区。

义乌 位于浙江省中部，由浙江省金华市管理，南通广东、福建，西接长江腹地，东靠中国最大城市上海，面对太平洋黄金通道。义乌地处金衢盆地东缘，以丘陵为主，东、南、北三面环山，地势自东北向西南缓降，构成一个南北长、东西短的长廊式盆地。自古成为兵家必争之地。

1559年9月，戚继光提出建议，决定到义乌招募农民和矿工，得到上司同意。

到义乌后，戚继光进行了严格的挑选，他制定了"四要四不要"标准。

四不要是：不要城里人；不要在官府里任过职的；不要40岁以上的人和长得白的人；不要胆子特别小的人和胆子特别大的人。四要是：要标准的农民；要黑大粗壮皮肉结实的人；要目光有神的人；要见了官府还得有点儿怕的人。

戚继光在义乌招募了近4000人，编立队伍，分发武器，进行严格的训练。稍后，戚继光针对沿海地形

■戚继光操练水军画

多沼泽、倭寇小股分散的特点，创立攻防兼宜的"鸳鸯阵"。

■ 战场中的戚继光雕像

从此，这支军队转战各地，取得了辉煌的战绩，人称"戚家军"。

1561年四五月间，倭寇大举进犯浙江，船只达数百艘，人数达一两万，骚扰地区达几十处，声势震动远近。

戚继光确立"大创尽歼"的原则，在花街、上峰岭、藤岭、长沙等地大败倭寇，先后13战13捷，共擒斩倭寇1400多人，焚、溺死4000多人，使侵犯台州的倭寇遭到毁灭性的打击。

由于台州大捷，戚继光被提升为都指挥使，"戚家军"也闻名天下。

1562年，戚继光受命入闽剿倭。在此之前，倭寇由于在浙江受到沉重的打击，在福建的活动更加猖

台州 自古以"海上名山"而著称。台州临海是我国历史文化名城，被誉为"抗倭大本营"，有2100多年的历史，历史积淀丰厚，人文胜迹荟萃。主要景点有国家文物保护单位台州府城墙，始建于东晋，经全面修复，雄奇壮丽，被誉为"江南长城"。

将帅传奇

将帅风云与文韬武略

■ 戚继光领兵征战蜡像

獗，一支筑巢于宁德城外海中的横屿，另一支筑巢于福清的牛田，形势非常危急。

横屿是宁德县东北的一个小岛，离岸约有5千米，和大陆之间隔着浅滩。涨潮时，海水将岛屿与大陆分开；潮退后，又尽是泥淖。倭寇在岛上扎下大营，修筑防御工事，侵占已达3年之久。

戚继光为了渡过浅滩，命令士兵铺上干草，随着鼓声向前爬行。到达横屿岸边时，倭寇早已布成阵势，士兵们奋勇冲杀，放火焚烧倭巢，倭寇四处逃窜，明军乘胜追击，消灭倭寇400多人。残余倭寇向海上逃命，被淹死600多人。

战斗从开始到结束，不过3个时辰。随后，戚继光进军牛田、林墩，铲除了福建的三大倭巢。铲平福建三大倭寇后，戚继光回浙江补充兵员，倭寇又猖獗起来。

横屿 位于浙江省苍南县灵溪镇渔塘口村的东南方。一个依山傍水的地方。这里居住的人们大部分都是迁移到此，居住者主要以陈姓，刘姓，王姓为主。此处的山是有名的葬墓区，漫山遍野的墓地，很多古墓早已被盗。

1562年冬，倭寇6000人攻陷兴化府城，烧杀抢劫，无恶不作。次年2月，倭寇退出府城，据莆田东南的平海卫为巢。

1563年4月，戚继光率领1万多人到达福建。5月，福建巡抚谭纶命戚家军为中路，刘显为左翼，俞大猷为右翼，向平海卫发动总攻势。

倭寇仓皇应战，戚家军用火器猛烈射击，倭寇战马受惊，乱跑乱窜，左右两翼乘势并进，倭寇大败，逃回许家大巢。

明军进围敌巢，四面放火，倭寇2000多人或被烧死，或被杀死，逃窜者也多坠崖和蹈海而死。

平海卫之战不久，又有大批倭寇陆续登陆。

1563年11月，倭寇约2万人围攻仙游，城内居民昼夜死守，双方伤亡都很严重。谭纶和戚继光统兵来救，驻扎于仙游城外6000米处，这时戚继光的部下只

刘显（1515年—1581年），本姓龚，字惟明，江西南昌人。明抗倭名将。出身行伍，官副千户，后任浙江都司参将、总兵、都督同知、左军府都督、太子太保等。于浦口冈下大败倭寇，迁副总兵。又尽歼刘家庄倭寇。

■ 戚家军杀敌塑像

戚继光将台

蓟州 我国古代行政区划名。位于天津市之北，燕山脚下。春秋时期称无终于国，隋代为渔阳郡，唐代称蓟州，辖境约今天津市蓟县、河北省三河、遵化、兴隆、玉田、大厂等市县和唐山市丰润、丰南区地。明洪武初省渔阳县入州。清不辖县。1913年改为蓟县。

有6000人，敌我力量相差悬殊，不宜立即决战。

1564年1月，戚继光将换防军队进行周密部署，分道向仙游进军。当时倭寇结为四巢，分别盘踞于东、南、西、北四门，中路军直冲倭寇南巢，其他各路配合作战，倭寇丢盔弃甲，全线崩溃，仙游之围得以解除。戚继光这次以寡敌众，大获全胜，体现了卓越的军事才能。

东南沿海的倭患基本平息，但北边仍然存在鞑靼的威胁。为了加强北边的防务，朝廷决定调戚继光训练边兵。1567年12月，戚继光奉命北上，被指定负责蓟州防务。

戚继光将全部防区划分为12路，上面设东、西协守，分管东西各路军队。他虽然全权负责蓟州一线的防务，但练兵主张却得不到朝廷的积极支持，于是将精力主要用到了防御工事上。他将旧城墙加高加厚，并修筑了大量空心敌台。敌台修成后，戚继光又设立车营，创立各兵种协同作战的战术。

在此期间，因北方士兵纪律散漫，苟且偷安，戚继光请求调浙兵北上，得到朝廷同意，最后调来兵勇2万人，成为守边的主力。戚继光还根据北方的地理条件，实施了车、骑、步三军配合作战的方略。

在蓟州修筑敌台，建立车营，分别配备重车、轻车、步兵、骑兵、火炮等。通过戚继光的艰苦努力，北边防务有了很大的改观。

戚继光从东南抗倭到北镇蓟州，上司谭纶及执政大臣张居正等人，对他的工作都比较支持。尤其是张居正，常把那些作对的官员调开，甚至免除职务，所以戚继光能久镇北边，发挥所长。张居正病死后，反对派群起攻击，戚继光也受到牵连。

1583年，戚继光被调往广东，两年后被朝廷罢免官职，回到家乡登州。1588年1月5日，戚继光突然发病，与世长辞。

戚继光在抗倭作战中，创立攻守兼备的鸳鸯阵，灵活巧妙地打击倭寇。镇守蓟州，修城筑堡，分路设防，有力地抵御了蒙古骑兵。所撰《纪效新书》《练兵实纪》为明代著名兵书，受到兵家重视。

阅读链接

戚继光当年率领义兵追杀捕剿倭寇，兵贵神速，对埋锅造饭、拖延时间的问题，总想不出办法。

有一次，前来慰问的百姓中有一个老农献上许多中间有个小孔的饼，他说这饼可以用绳子穿着带在身边，饿时撕下，就可充饥。戚继光连声道谢。消息传开，各地百姓都争先做光饼献给军队。

这种饼在沿海各地曾经盛销，当时人们都叫它"光饼"。因为这种饼略带咸味，有的地方又叫它"咸光饼"。可见，戚继光抗倭的故事如此深入人心。

武臣巨擘岳钟琪

岳钟琪（1686年—1754年），字东美，号容斋。生于平番，即今甘肃永登。清朝名将。谥号"襄勤"。

岳钟琪堪称武臣巨擘，他一生戎马，尤其在平西藏、定青海的战役中，功勋卓著，为维护国家统一，稳定和开拓边疆做出了重大贡献。

他历经康熙、雍正、乾隆三朝，所以乾隆皇帝为他御制怀旧诗，列五功臣中，称其"三朝武臣巨擘"。

■ 三朝武臣巨擘岳钟琪画像

岳钟琪自幼熟读经史, 博览群书, 说剑论兵, 天文地理, 习武学射, 样样精通。他20岁从军, 从此开始了戎马倥偬的军事生涯。

1719年, 准噶尔部策旺阿拉布坦遣将袭击西藏, 康熙令十四皇子胤禵为大将军, 噶尔弼为定西将军, 岳钟琪为先锋, 进行征讨。当时的岳钟琪33岁, 英姿勃发, 文武兼备, 智勇双全, 且与士兵同甘共苦, 上下一心, 士气高涨, 锐不可当。岳钟琪率军, 日夜兼行, 风餐露宿, 刀光剑影。

有一次, 他带600人去抚定里塘、巴塘的反叛, 但当地长官达哇兰坚持反叛立场, 拒不接受安抚。于是, 岳钟琪当机立断, 将其拘捕并斩于军前, 杀散叛乱分子3000余人。此举的威慑效果使得其他反叛各部相继献户籍, 请求归降。当地叛乱很快平息。

1720年, 这年已经是进军西藏的第二个年头了, 定西将军噶尔弼令岳钟琪带4000人为前锋, 先行到达昌都待命。

岳钟琪率军到达预定地点后获悉, 叛军已调集部

准噶尔 是厄拉特蒙古的一支部落。17世纪至18世纪, 准噶尔部控制天山南北, 在西起巴尔喀什湖, 北越阿尔泰山, 东到吐鲁番, 西南至吹河、塔拉斯河的广大地区, 建立史上最后的游牧帝国。宗教以藏传佛教为主, 对西藏也有一定的影响力。

队扼守三巴桥，以阻击清军西进。昌都距叛军驻地300千米，中间隔着怒江天险，三巴桥则是进藏第一险，敌若断桥，则守隘难于飞越。

面对新的情况下，岳钟琪果断决定，乘敌未稳先发制之。遂令懂藏语的士兵30余人，穿着藏族服装抄小道持檄昼夜兼程，以迅雷不及掩耳之势抵达叛军首领驻地洛隆，出密檄示地方官，晓以利害，令协助缉捕噶尔等人。当夜擒5人，斩数人，闻者莫不震惊。于是，借势招抚六部数万户，打通了直达拉里的通路，为进军拉萨铺平了道路。

1723年，37岁的岳钟琪又奉命抚定青海。当时的抚远大将军年羹尧奏请皇上，要求岳钟琪随军参赞军事。

岳钟琪率6000名精兵，经过了雪域行军，克服了高原严重缺氧的不适应，一路西行，抚定上寺东策卜、下寺东策卜等诸番部。

第二年，岳钟琪以"奋威将军"之职，继续进军青海，出师15天，收复了被叛军占领的青海地区六七十万平方千米的领土。

青海事平，雍正授岳钟琪三等公，赐黄带及御制五言律诗两首，又赐金扇一柄，上书御制诗一首。至此岳钟琪以38岁的年龄占尽了人

清代骑兵和步兵

■ 雍正（1678年—1735年），爱新觉罗·胤禛的年号。满族。胤禛是清朝第五位皇帝。年号雍正，庙号世宗，谥号"敬天昌运建中表正文武英明宽仁信毅睿圣大孝至诚宪皇帝"。在位时期实施一系列铁腕措施，对康乾盛世的连续具有关键性作用。

间风华。

除上述平西藏、定青海的军事行动外，岳钟琪尚有进击准噶尔、讨平郭罗克三部、平羊峒、平乌蒙和镇雄土司平雷波土司的叛乱等军事行动。10多年间，他兵不解甲、人不离鞍，成为无愧于维护国家统一、稳定西部、开拓西部的先驱。

1754年，岳钟琪抱重病出征镇压陈琨的时侯，不幸病卒于四川资中，时年68岁。

阅读链接

据传说，岳钟琪是民族英雄岳飞的第二十一世嫡孙。他的远祖是岳飞嫡孙岳珂。岳钟琪的祖父岳镇邦是岳飞的第十九世孙，曾任左都督、绍兴总兵。岳钟琪的父亲岳升龙为祖父岳镇邦的长子。

岳升龙当年随康熙皇帝西征噶尔丹，颇有建功，康熙皇帝曾赐予匾联"太平时节本无战，上将功勋在止戈"。岳升龙1696年被擢升为四川提督，后转任山东总兵，1710年退休回四川，奉养90高龄的老母，两年后病逝于四川成都。

从祖父岳镇邦到岳钟琪，岳家是三代名将之家。

湘军将领左宗棠

左宗棠（1812年—1885年），字季高，湖南湘阴人。号湘上农人。他是晚清重臣，著名军事家、政治家、湘军将领，洋务派首领。官至东阁大学士、军机大臣，封二等恪靖侯。

他一生经历并参与了镇压太平天国运动、开展洋务运动、平叛陕甘回乱、收复新疆等重大历史事件，为维护民族的和平统一与发展，稳定和开拓边疆事业做出了重大贡献，是晚清难得的重要人才。

■晚清重臣左宗棠画像

■ 清朝士兵蜡像

左宗棠出生于书香之家，他1832年中举，以后3次参加礼部的考试均没有考取，于是他断绝了在仕途上发展的打算，而专心致志地研究地理与兵法。

广西太平天国起义爆发后，当时担任湖南巡抚的张亮基听说了左宗棠后，聘请他为幕僚，做了长沙县知县。

由于守卫长沙有功，左宗棠从知县提拔为直隶州同知。之后，他悉心辅佐张亮基，不但使湖南军政形势转危为安，而且还把其他各项工作也做得很好。为此，出色的左宗棠受到了朝廷很多官员的关注。

1867年，左宗棠奉命为钦差大臣，督办陕甘军务，率军入陕西围剿西捻军和西北反清回民军。

在此期间，左宗棠开始从事洋务，创办兰州制造局即甘肃制造局、甘肃织呢总局，即兰州机器织呢局，后者为我国第一个机器纺织厂。

太平天国起义
由洪秀全、杨秀清、萧朝贵、冯云山、韦昌辉、石达开组成的领导集团在广西金田村发动对满清朝廷的武力对抗，是19世纪中叶中国的一场大规模反清运动。1864年，太平天国首都天京陷落，标志着运动失败。

19世纪70年代，中亚古国浩罕国为沙俄所消灭，浩罕国流亡军官阿古柏，纠集一些亡命之徒窜入我国新疆，占据新疆喀什噶尔，后来逐渐占领了南部的8个城池，又攻败盘踞在乌鲁木齐的回族人妥明。

妥明本是西宁的回人，当初以传播新教而来回于关外。同治初年，乘陕西、甘肃汉人、回民间有发生战事之机举兵发难，占据了乌鲁木齐，并兼并了北边的伊犁等城，收取那里的赋税收入。

妥明不久被驱逐，在路上死了，但是另一个头目白彦虎逃到乌鲁木齐，他派使者同英、俄勾结，购买军械器具装备自己。而英国人又暗中帮助他，想让他另立一个国家，以挟制俄国。

就在这时，俄国以回民多次扰乱其边境为由，突然发兵驱逐回民，占领了伊犁，并扬言要攻取乌鲁木齐。

1875年，左宗棠平定陕甘回民起义后，遵照清政府的命令，正准备率军出关，平定阿古柏的侵略。正在此时清廷发生了海疆防守的争议。

朝廷大多数大臣认为自清高宗乾隆平定新疆以来，每年要花费银两数百万，就像是一个无底的漏斗。现在竭尽天下的财力赡养西北官军，没有剩

将帅传奇

将帅风云与文韬武略

■ 清朝乾隆皇帝老年画像

余力量来预防东部海疆的不测之需。

■ 清代士兵出征图

他们认为，应该遵照英国人的建议，准许阿古柏自立为国。作为大清藩国，停止西征，专力于海防。当时军机大臣李鸿章更是力主应该如此。

然而左宗棠却不同意这种观点。最后，清朝朝廷通过决策，让左宗棠继续出塞，并授左宗棠为钦差大臣，统督军事。

1876年3月，左宗棠举兵驻扎肃州。

5月，湘军统领刘锦棠向北翻过天山，会合清伊犁将军金顺部队先攻打乌鲁木齐，乌城攻克后，白彦虎逃走到托克逊。

9月，清军攻克玛纳斯南城，北路平息，于是谋划南路。

1877年3月，刘锦棠攻克达坂城，把白彦虎所擒获的回民全部释放，让他们回家。第二天，清军即收

托克逊 位于我国新疆维吾尔自治区中东部，天山南麓，吐鲁番盆地西部。此地三面被山地环绕，西、北面高而东部低，盆地呈自西北向东南倾斜的地貌特征，地势高低悬殊，是我国降水最少的地方。

将帅传奇

将帅风云与文韬武略

■ 左宗棠及其同僚
画像

复托克逊城。

刘锦棠的两个部下徐占彪和孙金彪两支部队也接连攻破各个城隘，会合另一清军将领罗长祜等部队收复了吐鲁番，收降回民达1万余人。阿古柏最后走投无路服毒自杀，他的儿子伯克胡里杀害了自己的弟弟，逃往喀什噶尔。

白彦虎逃到开都河，左宗棠想一鼓作气擒获他，奏章还没上，恰遇内蒙古库伦大臣上疏声言本部边境现在正议定疆界。其时朝中大臣也认为西域征战费用巨大，乌鲁木齐、吐鲁番既然已经收复，可以休兵了。这令左宗棠很不理解。此时，俄国正与土耳其开战，金顺请求袭击伊犁。左宗棠说得不到朝廷同意，不可轻易出兵。

同年8月，金顺与刘锦棠在曲会会师。由大道向开都河进发，正面部队清军另一将领余虎恩等从库尔勒出奇兵以助。

白彦虎逃到库国，又到阿克苏，遭到刘锦棠的拦击，白彦虎只好转而窜逃喀什噶尔。

左宗棠大军不久收复了南疆东部4座城池，守备军何步云献喀什汉城向清军投降。伯克胡里接纳白彦虎后，就合力攻打汉城。清军大部队人马赶到，他们又逃往俄国。

南疆西部4城相继攻下，左宗棠向朝廷报捷，皇上下诏晋升左宗棠为二等侯。至此在新疆的布鲁特蒙古十四部争相归附清朝。

1878年正月，左宗棠上疏奏叙有关在新疆建行省的事宜，同时请求派员和俄国谈判有关归还伊犁和交换战俘这两件事。

朝廷派遣全权大臣崇厚出使俄国。俄国用通商、划分国界和索要赔款相要挟。崇厚轻率地签订了条约，这不禁引起了朝廷有识之士的纷纷反对，议论好久都没有决定下来。

左宗棠上疏说："这种条约是万万不可以签的……"

光绪皇帝认为左宗棠的话大长了朝廷志气，命令把崇厚逮捕治罪，朝廷命原湘军统帅曾国藩之子曾纪泽出使俄国，更改前面的和约。

这时左宗棠请求亲自出兵驻防哈密，策划收复伊犁。他命令金顺即率军出发，作为东路；部下张曜率部沿特克斯河进兵作为中路；刘锦棠经布鲁特游牧地区作为西路。又分别派遣将领谭上连等各带兵驻守喀什噶尔、阿克苏、哈密等地作为后路声援。

这几路部队总共有马兵、步兵4万多人，声势浩大，士气高昂，他

湘军 是晚清时对湖南地方军队的称呼，或称湘勇。太平天国运动兴起后，清朝正规军无法抵御，不得不利用地方武装，湘军就是在这时发展起来的。除了镇压太平天国时期的曾国藩创建的湘军外，还包括该部一直延续到抗日战争时期的湖南军队。

■ 曾纪泽 （1839年—1890年），字劼刚，湖南人，曾国藩之子。袭父一等毅勇侯爵。纪泽学贯中西，有诗古文及奏疏若干卷，早岁所著，有《佩文韵来古编》《说文重文本部考》《群经说》等传于世。

们决心与俄军决一死战，务必收复伊犁。1880年4月，左宗棠坚决表示自己收复伊犁的决心，命人抬着棺材从肃州出发，5月抵达哈密。

俄国人听说清军大兵出动，就增兵守卫伊犁、纳林河，另外派兵舰在海上巡弋，以震撼京师。此时天津、奉天等地也同时告警。

7月，朝廷下诏让左宗棠回京城任顾问，让刘锦棠代替他。俄国人也害怕清军的威武，担心事态发展后会引起决裂而挑起战端。

1881年正月，清廷在赔款上又做出让步后，清与沙俄终于达成了《中俄归还伊犁条约》，清廷收复了伊犁的绝大部分地区。

新疆平定后，朝廷升调左宗棠为军机大臣。入朝觐见后，皇上赏赐左宗棠可以在紫禁城内骑马，可由内侍两人搀扶着上金銮殿。

左宗棠在军机处，因他长年在外征战并不熟悉朝中的礼节、掌故，因而屡屡受窘。他性格耿直，难免得罪人，因此就有许多同僚多厌烦埋怨他。

左宗棠本人也不乐意居住在京城之地，于是进京不久，便称病乞求引退。9月清廷命他出任两江总督、南洋通商大臣。

■ 左宗棠故居

1883年9月，法国人攻打越南，左宗棠这时已70岁有余，而且身体多病，已致仕在家。但当他听知此消息时马上请求到云南指挥军队，并下令让旧部王德榜在永州招募军队，号称"恪靖定边军"。

1884年，中法战争爆发，云南、越南官军溃败，左宗棠被召入京，再次任职军机处。

不久法军大举向中国内地进犯，光绪皇帝诏令左宗棠到福建视察部队，左宗棠命官员王鑫之子王诗正暗中率军渡海到台湾，号称"恪靖援台军"。

左宗棠雕像

王诗正到台南，受到法兵阻击，他与台湾军民一道最终击败法军。而王德榜会合其他部队在谅山取得大捷。

中法和议达成，左宗棠称疾请求告退，但尚未获准，7月在福州病逝，时年73岁，赠太傅，谥"文襄"。将其灵位入祀于京师昭忠词、贤良祠，并在湖南以及立有战功的各省建立专祠祭祀。

阅读链接

左宗棠部队出塞共20个月，新疆南北各城能全部收复，一个重要的因素就是能够做到军饷及时供给充足。

当议论西部边防事务时，左宗棠主张发展屯田，听到的人都认为左宗棠迂腐。等看到左宗棠上奏论述关内外过去屯兵的利弊，以及论及将兵农划开为二，挑选精壮的人为兵丁，让老弱的人去屯田垦地，大家于是才佩服左宗棠老谋深算。

民族英雄邓世昌

邓世昌（1849年—1894年），原名永昌，字正卿。原籍广东东莞，生于今广州市。清末海军杰出爱国将领，民族英雄。

他于1867年考入马尾船政学堂驾驶班第一期学习，1871年被派至"建威舰"练习航海，1874年以优异成绩毕业，被船政大臣沈葆桢嘉奖以五品军功，任命为"琛航舰"运船帮带，第二年任"海东云舰"管带。

1894年9月17日在黄海海战中壮烈牺牲。谥号"壮节公"，追封"太子少保"衔，其后人多为仁人志士。

■民族英雄邓世昌画像

■ 清朝炮兵蜡像

邓世昌生于富裕人家，其父邓焕庄，专营茶叶生意，尝于广州及津、沪、汉、香港、秦皇岛等地开设祥发源茶庄，并始建邓氏家祠。

少年时，邓世昌随父移居上海，从西方人学习算术、英语。

在此期间，他目睹清政府腐败，任帝国主义瓜分、掠夺中国的土地、财富，逐渐萌发了反侵略的爱国思想。在随父飘泊上海的日子里，他还亲眼看到外国兵舰在黄浦江上横冲直撞，胡作非为，更使他感到国家要有强大的海军，才能不受外人欺凌。

1868年，邓世昌怀着救国志愿，以各门课程皆优的成绩考入福州船政学堂学习航海，成为该学堂驾驶班第一届学生。三年后，从福州船政学堂毕业的邓世昌被派到"建威舰"练习驾驶，随舰巡历南洋各岛。

黄浦江 是我国长江口的支流，在上海市境内。旧称黄浦，别称歇浦、春申江，因旧时讹传为战国楚春申君黄歇疏浚而得名，发源于太湖，东流经青浦区淀山湖，出湖后到闵行区邹家寺嘴折向北流，是历史上太湖水排泄入海的三江水道之一，古时称"东江""横潦泾"。

管带 清代军事职官名称。清末新兵制，巡防营与陆军警察队统辖一营的长官，称管带。海军的舰长也用此称。隶属于神机营掌印大臣和管理大臣。神机营辖马队、步队营，专操管带分掌各营操演枪炮，练习技艺和阵法。

■ 瞭望远方的邓世昌雕像

1874年，他被任命为"琛海舰"兵船大副，以后历任"海东云舰""振威舰""飞霆舰"等兵船管。

1880年军机大臣李鸿章为建设北洋水师而招聘人才，因邓世昌"熟悉管驾事宜，为水师中不易得之才"而将其调至北洋属下，先后担任"飞霆舰""镇南舰"管带。

1880年冬天，北洋水师在英国定购的"扬威舰""超勇舰"两艘巡洋舰完工，北洋海军提督丁汝昌水师官兵200余人赴英国接舰，邓世昌随往。

1881年11月，北洋水师抵达大沽口，这是中国海军首次完成北大西洋——地中海——苏伊士运河——印度洋——西太平洋航线，此次航行大大增强了我国的国际影响，邓世昌因驾舰有功被清廷授予"勃勇巴图鲁"勇名，并被任命为"扬威舰"管带。

1887年春，邓世昌率队赴英国接收清政府向英、德订造的"致远舰""靖远舰""经远舰""来远舰"4

清代铁炮

艘巡洋舰，年底回国。归途中，邓世昌沿途安排舰队操演练习。

因接舰有功，升副将，获加总兵衔，任"致远舰"管带。

1888年，邓世昌以总兵记名简放，并加提督衔。是年10月，北洋海军正式组建成军，邓世昌升至中军中营副将，1891年，李鸿章检阅北洋海军，邓世昌因训练有功，获"葛尔萨巴图鲁"勇名。

1894年9月17日，日本舰队突然袭击中国舰队，一场海战打响了，这就是黄海大战。

战中，担任指挥的旗舰被击伤，大旗被击落，邓世昌立即下令在自己的舰上升起旗帜，吸引住敌舰。他指挥的"致远舰"在战斗中最英勇，前后火炮一齐开火，连连击中日舰。日舰包围过来，"致远舰"受了重伤，开始倾斜，炮弹也打光了。

邓世昌感到最后时刻到了，对部下说："我们就是死，也要死出中国海军的威风，报国的时刻到了！"

他下令开足马力向日舰"吉野号"冲过去，要和它同归于尽，这大无畏的气概把日本人吓呆了。

这时，一发炮弹不幸击中"致远舰"的鱼雷发射管，使管内鱼雷

■光绪帝 （1871年—1908年），爱新觉罗·载湉，清朝第十一位皇帝。他4岁登基，由慈禧、慈安两宫太后垂帘听政至18岁。此后虽名义上归政于光绪帝，但实际上大权仍掌握在慈禧太后手中。

发生爆炸导致"致远舰"沉没。200多名官兵大部分牺牲。邓世昌坠身入海，随从抛给他救生圈，他执意不接，他的爱犬"太阳"飞速游来，衔住他的衣服，使他无法下沉。可他见部下都没有生还，狠了狠心，将爱犬按入水中，一起沉入碧波，献出了宝贵的生命，享年45岁。

邓世昌牺牲后举国震动，光绪帝垂泪撰联"此日漫挥天下泪，有公足壮海军威"，并赐予邓世昌"壮节公"谥号，追封"太子少保"，入祀京师昭忠祠，御笔亲撰祭文、碑文各一篇。

阅读链接

自古以来，牺牲在战场上，一直是爱国军人引以为豪的志向。特别是那些明知死在眼前仍勇敢赴难的人，更令人崇敬。在中日甲午海战中牺牲的邓世昌就是这样的人。

邓世昌是我国最早的一批海军军官中的一个，是清朝北洋舰队中"致远舰"的舰长。他有强烈的爱国心，常对士兵们说："人谁无死？但愿我们死得其所，死得值！"

1894年，中国和日本之间爆发了甲午战争。邓世昌多次表示："如果在海上和日舰相遇，遇到危险，我就和它同沉大海！"